Leidender Buddha – Glücklicher Buddha

Shunryu Suzuki

LEIDENDER BUDDHA –
GLÜCKLICHER BUDDHA

Zen-Unterweisungen
zum Sandokai

THESEUS VERLAG

© 1998 San Francisco Zen Center
© der deutschen Ausgabe 1998, 2009 Theseus Verlag
in der Kamphausen Media GmbH, Bielefeld

Satz: Subsonic Media, Bielefeld
Lektorat: Ursula Richard
Übersetzung aus dem amerikanischen Englisch:
Theo Kierdorf in Zusammenarbeit mit Hildegard Höhr
Umschlaggestaltung: Morian & Bayer-Eynck, Coesfeld,
www.mbedesign.de
Umschlagfoto: © Robert S. Boni

www.kamphausen.media

Bibliografische Information der Deutschen Nationalbibliothek

Die Deutsche Nationalbibliothek verzeichnet diese
Publikation in der Deutschen Nationalbibliografie;
detaillierte bibliografische Daten sind im Internet über
https://dnb.de abrufbar.

ISBN Print 978-3-89901-217-0

ISBN eBook 978-3-95883-271-8

Dieses Buch wurde auf 100 % Altpapier gedruckt und ist
alterungs-beständig. Weitere Informationen hierzu finden Sie
unter
www.kamphausen.media

Inhalt

Vorwort

Shunryu Suzuki Roshi hat die in diesem Buch veröffentlichten Vorträge über das *Sandokai* von Sekito Kisen im Sommer 1970 gehalten. Suzuki Roshi lebte seit 1959 in Amerika. Er hatte seinen Tempel in Yaizu in Japan verlassen, um in San Francisco im Sokoji-Tempel für die dortige japanische Gemeinde als Zen-Priester zu wirken. Doch in jenen Jahren scharten sich so viele amerikanische Zen-Schüler um ihn, dass er mit ihnen 1969 in ein Gebäude in der Page Street Nr. 300 umzog, wo sich auch heute noch das *San Francisco Zen Center* befindet. 1967, zwei Jahre vor jenem Umzug, erwarb die Zen-Gemeinschaft das Gelände und die heißen Quellen des heutigen Tassajara-Zen-Zentrums. Es befindet sich am Ende einer 14 Meilen langen unbefestigten Straße, die sich durch die Los Padres Mountains schlängelt. Die Studenten des Zen-Zentrums haben dort innerhalb von drei Jahren das erste amerikanische Zen-Kloster aufgebaut. Wir haben damals unter Anleitung von Suzuki Roshi ganz von vorn angefangen.

Suzuki Roshi starb am 4. Dezember 1971 im Alter von 67 Jahren an Leberkrebs, eineinhalb Jahre nach seinen Unterweisungen über das *Sandokai*. Offenbar hatte er eine Vorahnung von seinem nahen Tod, als er sagte, Zen-Lehrer der Soto-Tradition lehrten häufig über das *Sandokai*, wenn ihr Lebensende nahe.

Die Studenten übten in Tassajara morgens und abends Zazen, führten in der Zeit dazwischen die verschiedensten

Bau- und Erhaltungsarbeiten durch, trafen sich dreimal täglich zur Rezitation und waren natürlich auch tagein, tagaus mit den Essensvorbeitungen beschäftigt. Suzuki Roshi beteiligte sich tagsüber, so klein und gebrechlich er auch wirken mochte, am Transport großer Steine und an deren Aufschichtung am Ufer eines Wasserlaufs; eine Arbeit, durch die die Erosion aufgehalten werden sollte. Abends hielt er Vorträge. Wer das Glück hatte, mit ihm zusammenzuarbeiten, staunte über seine Energie und das Durchhaltevermögen, das er auch noch im hohen Alter besaß, als er schon von der Krankheit gezeichnet war. Die Nächte waren nicht weniger heiß als die Tage. Suzuki Roshi vermittelte uns durch seine Arbeit seinen außerordentlichen Zen-Geist. Wir arbeiteten manchmal einen ganzen Tag lang daran, einen Felsbrocken an die richtige Stelle zu befördern, und wenn uns dies nicht gelang, gab er nicht klein bei, sondern entfernte das Gestein wieder und begann am nächsten Tag von neuem mit der gleichen Arbeit.

Ich war zu jener Zeit Suzuki Roshis persönlicher Assistent. Gewöhnlich folgte ich ihm zur Darbringung des Weihrauchs mit einem Räucherstäbchen zum Zendo, bevor unsere formelle Zazen-Übung und unsere Rezitationen begannen. Während des Tages legte ich ihm immer wieder einen nassen Waschlappen auf den glattrasierten Schädel, um ihm bei der Hitze etwas Kühlung zu verschaffen.

Im Jahr davor hatten die Studenten mit sehr viel Liebe und Sorgfalt eine Steinküche gebaut. In Tassajara lagen überall Steine und Felsbrocken in allen erdenklichen Formen und Größen herum. Zum Transport großer Gesteinsbrocken benutzten wir damals ein altes Autodach als eine Art Schlitten. Im Laufe der Zeit wurden wir sehr versiert im Bauen von Natursteinmauern und -treppen. Außerdem gab es bei uns eine Gruppe von Zimmerleuten; sie wurde von einem Novizen namens Paul Disco geleitet, der später ein Meister in der

Kunst japanischer Zimmermannsarbeit wurde. Auch Edward Espe Browns Back- und Kochbücher und Bill Shutloffs Bücher über Tofu, Miso und Tempe sind damals in jener wundervollen Atmosphäre des Aufbruchs entstanden. Zen bedeutete für uns nicht nur Sitzmeditation, sondern umfasste auch die Arbeit und den Dienst an anderen. Die Verbindung dieser drei Faktoren verlieh unserer Übung eine Atmosphäre des Heilsamen, des Umfassenden. Hier in den Bergen bauten wir mit unseren eigenen Händen ein Zen-Kloster. Wir empfanden ungeheure Dankbarkeit gegenüber diesem Ort, gegenüber allen Beteiligten und gegenüber unserem Lehrer. Und natürlich waren wir auch all jenen außerhalb unserer Gemeinschaft dankbar, die uns halfen und unsere Bemühungen unterstützten. Wir hatten das Gefühl, etwas für die gesamte Gesellschaft zu tun, also nicht nur etwas für uns selbst.

In den zwölf Jahren, die Suzuki Roshi in Amerika verbrachte, erlernte er die englische Sprache allmählich immer besser. Obwohl er oft nach dem richtigen Ausdruck suchen musste, fand er ihn gewöhnlich. Und obwohl das Englische für ihn eine völlig neue Sprache war – oder vielleicht gerade deshalb –, war er meist in der Lage zu sagen, was er sagen wollte. Doch selbst in seinem Ringen um den richtigen Ausdruck war er sehr wortgewandt.

Trotzdem: Die Bearbeitung der in diesem Buch veröffentlichten Texte stellte sich als weitaus schwieriger heraus als die aller anderen Vorträge, die Suzuki Roshi jemals gehalten hat. Die Stimme, die in dem früher veröffentlichten Buch *Zen-Geist, Anfänger-Geist* spricht, ähnelt der Stimme in den *Sandokai*-Vorträgen nicht immer. Die Vorträge in *Zen-Geist, Anfänger-Geist* bestehen aus Auszügen, die längeren Vorträgen entnommen wurden, und diesen Texten ist eine sehr unmittelbare Qualität und eine besondere Kürze und Bündigkeit eigen. In den *Sandokai-Vorträ*gen hingegen befasst sich Suzuki Roshi mit einem klassischen Text, einem Zen-Gedicht, das er über einen Zeitraum von zwei Wochen Zeile für Zeile und Wort für Wort erläuterte, wobei er manchmal Zeilen an verschiedenen Stellen in unterschiedlichen Versionen zitiert.

Suzuki Roshi hat gelegentlich auch selbst sprachliche Wendungen erfunden, die seine nicht-dualistische Sichtweise zum Ausdruck bringen sollen. Beispielsweise benutzt er immer wieder den Begriff »things as it is« (»Dinge, wie es ist«). Dieser scheinbare Konflikt zwischen Plural und Singular in einem Ausdruck zwingt uns, über unsere gewöhnliche Denkweise hinauszugehen.

Außerdem kreiert Suzuki Roshi das Wort »independency«, um die Bedeutung des *Sandokai* zu erläutern. Seiner Aussage gemäß beinhaltet »independency«, dass etwas abhängig und gleichzeitig unabhängig ist – oder unabhängig und zugleich abhängig.

Wir haben versucht, die Vorträge von Suzuki Roshi so gut lesbar wie möglich zu machen. Eine nur leichte Bearbeitung der Vorträge wäre für Studenten, die Suzuki Roshi noch persönlich kennengelernt haben, kein Problem, weil sie mit seiner Art zu sprechen vertraut sind. Doch da die hier vorgelegte Veröffentlichung für ein breiteres Publikum bestimmt ist, haben wir uns um eine wesentlich gründlichere Bearbeitung bemüht, von der wir hoffen, dass sie Suzuki Roshis Beifall finden würde. Dabei haben wir so weit wie eben möglich versucht, die besondere Qualität von Suzukis Stimme und Stil zu erhalten.

Das *Sandokai* von Sekito Kisen (chin. *Shih-t'ou Hsi-ch'ien*, 700–900) ist eines der frühesten Zen-Gedichte, die uns von den alten chinesischen Ch'an-Meistern überliefert worden sind. Zur gleichen Gruppe von Texten zählen das *Shinjinmei* (chin. *Hsin Hsin Ming*) des dritten chinesischen Zen-Patriarchen, Kanchi Sosan (gestorben 606), und der *Gesang der Erleuchtung*, das *Shodoka* von Yoka Genkaku (655–713). Yoka Genkaku war ein Schüler von Eno (chin. Hui-neng), dem

Sechsten Patriarchen, und Sekito, der damals noch sehr jung war, hat die beiden letzten Lebensjahre mit Eno verbracht. Nach dessen Tod im Jahre 713 wanderte Sekito umher und traf schließlich mit Seigen Gyoshi (gestorben 740) zusammen, einem der beiden wichtigsten Schüler Enos (der andere war Nangaku Ejo, der von 677 bis 744 lebte). Wir führen die Soto-Schule des Zen auf Seigen und die Rinzai-Schule auf Nangaku zurück.

Sekito wurde einer der Dharma-Erben von Seigen; er ließ sich schließlich auf einem großen Felsblock in einer Grashütte nieder, wo er 23 Jahre lang lehrte. Sein Name Sekito – »Steinkopf« – leitet sich von seinem Zazen auf dem Felsbrocken her. Er wurde sehr bekannt, und es heißt, Sekito und Matsu hätten die damalige Welt des Zen unter sich aufgeteilt und sie seien die beiden gefragtesten Lehrer ihrer Zeit gewesen.

Zu Sekitos Dharma-Erben zählen Yakusan Igen (751–834) und Tenno Dogo (748–801).

Außer dem *Sandokai* gibt es noch ein anderes Gedicht, das Sekito zugeschrieben wird, mit Namen *Das Lied der Grashütte*. Es ist von Kazuaki Tanahashi und Dan Leighton ins Englische übersetzt worden.

Das *Sandokai* enthält die Grundelemente dessen, was Tozan Ryokai (807–869) später weiterentwickelte und in seinem *Das Samadhi des Schatzspiegels (Hokyo Zanmat)* und in der *Unterweisung von den fünf Graden (Go-i Koan)* zum Ausdruck brachte.

Wir haben bisher leider keine perfekte Ubersetzung für den Titel des *Sandokai* gefunden. Die Soto-Shu-Liturgiekonferenz, die im Jahre 1997 stattfand, einigte sich auf den Titel *Die Harmonie von Verschiedenheit und Gleichheit*. Eine etwas gefälligere Ubersetzung könnte lauten: *Der harmonische Gesang von Verschiedenheit und Gleichheit*. Das Gedicht ist zu einer Zeit entstanden, in der verschiedene Zen-Linien um den Vorrang stritten. Suzuki Roshi hat mehrere Übersetzungen herangezogen, die zur Zeit der Vortragsserie verfügbar waren, die ihm jedoch alle nicht völlig gefielen; am stärksten hat er sich dabei auf die Übersetzungen von R. H. Blyth und Reiho Masunaga bezogen. Sein Kommentar folgt also keiner der genannten Übersetzungen des *Sandokai* ganz genau. Deswegen haben wir in dem vorliegendem Buch auch die Übersetzung aufgenommen, auf die sich die Soto-Shu-Liturgiekonferenz in Green Gulch im Jahre 1997 geeinigt hat (siehe S. 17 und 18). [Wir haben zudem die von Suzuki Roshi im Text benutzten Formulierungen der einzelnen Zeilen zu einer zusammenhängenden Version des Textes zusammengefügt. Anm. z. dt. Ausgabe.]

Am Anfang des *Sandokai* spricht Sekito von der Übermittlung des Buddha-Geistes von Indien nach China. Er sagt, die Fähigkeiten verschiedener Menschen seien unterschiedlich. Dies bedeute jedoch nicht, dass es nur einen authentischen Dharma-Erben des Fünften Patriarchen Daimon Konin gebe.

Die Wahrheit des Buddha, die Quelle, die Dunkelheit, in der es keine Unterscheidungen gibt (Gleichheit), durchströmt die verschiedenen Formen der phänomenalen Welt, der Welt des Lichts (Verschiedenheit). Hell und Dunkel sind ein Paar. Sie sind einander entgegengesetzt und ergänzen einander wie beim Gehen der vordere und der hintere Fuß. Sekito Kisen beschreibt die Harmonie von Gleichheit und Verschiedenheit mit Hilfe verschiedener Vergleiche. Er fordert uns auf, die Dinge unabhängig vom dualistischen Denken zu sehen, uns von unseren beschränkten Sichtweisen zu lösen und zu unserer ursprünglichen Natur zurückzukehren »wie ein Kind zu seiner Mutter« – frei von Greifen und Haften. Wenn wir uns von unserer ichzentrierten Sichtweise lösen, wird unser Leben mit der Wirklichkeit im Einklang sein, wie wenn ein Behälter und sein Deckel zusammenpassen oder zwei Pfeilspitzen in der Luft aufeinandertreffen. Er sagt: »Der Weg liegt direkt vor euch ... Doch wenn ihr verwirrt seid, blockieren Berge und

Flüsse euren Weg.« Das *Sandokai* endet mit der Ermahnung: »Alle, die das Geheimnis ergründen, flehe ich respektvoll an: Vergeudet eure Tage und Nächte nicht.«

Mel Sojun Weitsman
San Francisco, Mai 1998

Das Sandokai – Die Harmonie von Verschiedenheit und Gleichheit

I

Der Geist des großen Weisen aus Indien
wurde direkt von Westen nach Osten übermittelt.
Menschen unterscheiden zwischen Dummen und Klugen,
doch auf dem wahren Weg
gibt es keinen Patriarchen des Südens oder des Nordens.
Die Quelle der Lehre ist rein und ohne Makel.
Bäche, die sich verzweigen, fließen in der Dunkelheit.
An einer Idee zu haften ist Täuschung.
Die Wahrheit zu erkennen ist auch nicht immer Erleuchtung.
Die Sinne und ihre Objekte
sind eng miteinander verbunden
und gleichzeitig voneinander unabhängig.
Doch trotz ihrer unendlichen Verbundenheit
haben sie alle ihren eigenen Ort.
Dinge unterscheiden sich in Wesen und Form.
Im Geschmack, Klang und Gefühl manifestieren sich gut und schlecht.
Im Dunkeln sind hochwertig und minderwertig
nicht zu unterscheiden.
Im Hellen wird der Gegensatz von rein und unrein deutlich.
Die vier Elemente kehren zu ihrer Natur zurück
wie ein Kind zu seiner Mutter.

Feuer erhitzt,

Wind bewegt,

Wasser nässt,

Erde ist fest.

Für die Augen gibt es Farbe und Form.

Für die Ohren gibt es Klang.

Für die Nase gibt es Geruch.

Für die Zunge gibt es Geschmack.

Jedes Phänomen entspringt der Wurzel,

so wie Zweige und Blätter aus dem Stamm sprießen.

Wurzel und Baumspitze kehren

zu ihrer ursprünglichen Natur zurück.

Hohe und niedrige Worte sind unterschiedlich.

In der Helligkeit da ist tiefste Dunkelheit,

hafte nicht an der Dunkelheit.

In der Dunkelheit da ist Helligkeit,

aber suche nicht nach der Helligkeit.

Dunkelheit und Helligkeit wechseln einander ab

wie beim Gehen der vordere und der hintere Fuß.

Jedes Phänomen hat seinen Wert.

Ihr solltet darauf achten, wie die Wahrheit zum Ausdruck gelangt.

Das Relative passt zum Absoluten wie ein Deckel zu seinem Behälter.

Das Absolute und das Relative entsprechen einander wie zwei Pfeile,

die sich im Flug begegnen.

Hörst du die Worte, solltest du die Quelle der Lehre verstehen.

Entwickle keine eigenen Maßstäbe.

Erkennst du den Weg nicht mit deinen Augen,

wie sollten dann deine Füße um ihn wissen?

In der Übung fortschreiten ist weder fern noch nah.

Im Zustand der Täuschung bist du Berge und Flüsse davon enfernt.

Ich fordere alle Sucher der Wahrheit ehrerbietig auf:

Vergeudet eure Tage und Nächte nicht.

II

*Der Geist des großen Weisen aus Indien
wurde direkt von Westen nach Osten übermittelt.
Die Fähigkeiten des Menschen können brillant oder stumpf sein,
doch kennt der Weg keine nördlichen oder südlichen Patriarchen.
Die spirituelle Quelle leuchtet klar im Licht;
Bäche, die sich verzweigen, fließen in der Dunkelheit.
Nach den Dingen greifen ist sicherlich Täuschung;
mit der Gleichheit in Einklang sein ist noch keine Erleuchtung.
Alle Objekte der Sinne
stehen in Beziehung zueinander und auch nicht.
In Beziehung treten führt zu Verstrickung;
aber trotzdem bleibt alles an seinem Ort.
Anblicke unterscheiden sich in Art und Form,
Klänge sind angenehm oder unangenehm.
Geistvolle und gewöhnliche Rede kommen in der Dunkelheit
zusammen,
klare und unverständliche Äußerungen lassen sich im Licht
unterscheiden.
Die vier Elemente kehren zu ihren Naturen zurück
wie ein Kind zu seiner Mutter.
Feuer erhitzt, Wind bewegt,
Wasser näßt und Erde ist fest.
Auge und Anblicke, Ohr und Klänge,
Nase und Gerüche, Zunge und Geschmäcke.
So sprießen diesen Wurzeln entsprechend
aus jedem Ding die Blätter.
Stamm und Zweige haben dieselbe Essenz;
hochangesehen und gewöhnlich ihre je eigene Sprache.
Im Licht da ist Dunkelheit,
doch betrachte sie nicht als Dunkelheit.*

Im Dunkel da ist Licht,
doch sieh es nicht als Licht.
Licht und Dunkel sind einander entgegengesetzt
wie beim Gehen der vordere und der hintere Fuß.
Unter all den unzähligen Dingen hat ein jedes sein Verdienst,
das Funktion und Ort entsprechend Ausdruck findet.
Phänomene existieren; Behälter und Deckel passen zusammen;
Wahrheit zeigt sich; Pfeilspitzen treffen aufeinander.
Wenn du diese Worte hörst, so verstehe den Sinn;
entwickle keine eigenen Maßstäbe.
Verstehst du nicht den Weg, der sich direkt vor dir befindet,
wie willst du ihn dann beim Gehen erkennen?
Fortschritt ist keine Frage von fern und nah,
doch bist du verwirrt, versperren dir Berge und Flüsse den Weg.
Alle, die das Geheimnis ergründen, flehe ich respektvoll an:
Vergeudet eure Tage und Nächte nicht.

Der Geist des großen Weisen aus Indien

Das *Sandokai* ist einer unserer wichtigsten Lehrtexte. Sein sprachlicher Ausdruck ist so elegant und geschliffen, dass es schwierig sein mag, beim Lesen seine tiefe Bedeutung zu empfinden. Der Urheber dieses Gedichts, Sekito Kisen oder Sekito Musai Daishin, wie er nach seinem Tode genannt wurde, ist der Dharma-Enkel des Sechsten Patriarchen, Hui-neng (jap. Daikan Eno) und der direkte Nachfolger von Seigen Gyoshi, der als Siebter Patriarch bezeichnet wird. Wie ihr vielleicht wisst, hatte Eno viele Schüler, doch die bedeutendsten unter ihnen waren Seigen Gyoshi und Nangaku Ejo. Später setzte Meister Tozan Ryokai Seigens Traditionslinie als Soto-Schule des Zen fort, und Meister Rinzai Gigen setzte Nangakus Linie fort. Aus dem Erbe des Sechsten Patriarchen sind also die Soto- und die Rinzai-Schule hervorgegangen, die zu den dominierenden Strömungen des japanischen Zen wurden.

Verglichen mit Nangakus Weg ist der Weg von Seigen und Sekito sanfter. In Japan nennen wir ihn den Weg des älteren Bruders. Nangakus Weg ist eher wie der des zweiten oder dritten Sohnes, der oft ziemlich eigenwillig ist. Der ältere Bruder mag nicht so begabt und intelligent sein, doch dafür ist er sehr sanft. So verstehen wir den Unterschied zwischen Soto und Rinzai. Im Soto-Zen sagen wir: *menmitsu no kafu* – und meinen damit, dass wir die Dinge sehr behutsam und aufmerksam tun.

Seigens Weg besteht darin, alles in sich selbst zu finden. Dies bedeutet, den großen Geist zu finden, der alles umfasst, und diesem gemäß zu üben.

Wir bemühen uns im Zen, alles so wahrzunehmen, »wie es ist«. Doch selbst wenn wir uns dies vornehmen, nehmen wir nicht unbedingt alles so wahr, »wie es ist«. Wir sagen: »Hier ist mein Freund, dort drüben ist der Berg, und da oben am Himmel steht der Mond.« Doch euer Freund ist nicht nur euer Freund, der Berg ist nicht nur der Berg, und der Mond ist nicht nur der Mond. Wir denken vielleicht: »Ich bin hier, und der Berg ist dort drüben« – dies ist die dualistische Sicht der Dinge. Wir sagen, um nach San Francisco zu kommen, müssen wir den Tassajara-Berg überqueren. So sehen wir die Dinge gewöhnlich. Doch das ist nicht die buddhistische Sichtweise. Wenn wir uns diese zu eigen machen, finden wir den Berg oder den Mond oder unseren Freund oder San Francisco in uns selbst. Gleich hier. Das ist der große Geist, in dem alles existiert.

Schauen wir uns nun den Titel, *Sandokai*, einmal genauer an. *San* bedeutet wörtlich »drei«, doch in diesem Fall bedeutet es »Dinge«. *Do* bedeutet »Gleichheit«. Ein Ding mit einem anderen zu identifizieren ist *do*. Dieses Wort bedeutet auch »Einssein« oder »unser ganzes Sein« – was hier gleichbedeutend mit »großer Geist« ist. Es wird also zum Ausdruck gebracht, dass es ein umfassendes Sein gibt, ein Sein, das alles in sich einschließt, und dass die Vielfalt der Dinge in diesem einen umfassenden Sein enthalten ist. Obgleich wir von »vielen Dingen« sprechen, sind diese allesamt Teile des einen umfassenden Seins. Wenn wir »viele« sagen, so ist dieses Sein viele, und wenn wir »eins« sagen, ist es eins. »Viele« und »eins« sind nur verschiedene Beschreibungen des einen umfassenden Seins. Die Beziehung zwischen dem einen großen umfassenden Sein und seinen vielen Facetten zu verstehen ist *kai* – »einander die Hände geben«, »Freundschaft empfinden«. Empfinden wir in dieser Weise, so haben wir das Gefühl, dass wir selbst und die andere Person eins sind. Ebenso sind auch dieses eine umfassende Sein und die vielen Dinge gute Freunde – oder sogar mehr als nur gute Freunde, weil sie im Grunde ein und dasselbe sind. Deshalb sagen wir »kai«, als würden wir einander die Hände schütteln. »Hallo, wie geht es dir?« – das ist die Bedeutung des Namens dieses Sutras.

Ursprünglich war *Sandokai* der Titel eines taoistischen Buches. Indem Sekito denselben Titel wählte, wollte er die Lehre des Buddha in ähnlicher Weise beschreiben. Was ist der Unterschied zwischen taoistischen und buddhistischen Lehren? Es gibt viele Ähnlichkeiten zwischen beiden, und liest man die Unterweisungen, mögen sie gleich erscheinen. Doch wenn ein Buddhist ein solches Buch liest, ist es ein buddhistischer Text, und wenn ein Taoist es liest, ist es ein taoistischer Text. Im Grunde ist es aber ein und dasselbe. Ebenso ist ein bestimmtes Gemüse, wenn ein Buddhist es isst, eine buddhistische Speise, und wenn ein Vegetarier das gleiche Gemüse isst, ist es ein vegetarisches Gericht. Trotzdem ist und bleibt es im Grunde einfach etwas Essbares. Um diese Art von Unterschied geht es. Wir essen eine aus einem bestimmten Gemüse zubereitete Speise nicht deshalb, weil sie gewisse Nährstoffe enthält oder weil sie *yin* oder *yang* ist. Etwas zu essen ist einfach ein Bestandteil unserer Übung. Das ist der Unterschied. Wir essen nicht nur, um unser Leben zu erhalten, und auch nicht so, wie ein Säugetier oder ein Fisch es tut. Einfach nur Nahrung zu sich zu nehmen, ohne die Aktivität des Essens als Übung zu verstehen, entspricht eher dem Taoismus.

Der buddhistische Weg ist: »Indem wir diese Nahrung zu uns nehmen, folgen wir unserem Pfad!« So wird der große Geist in unsere Übung einbezogen. Es entspricht nicht unserem Verständnis zu denken: »Das ist nur ein Gemüse.« Innerhalb unserer Praxis und innerhalb des großen Geistes behandeln wir alle Dinge wie Teile von uns selbst. Der kleine, begrenzte Geist hingegen ist der Geist, der den Einschränkungen der Begierden, jeglicher Art von emotionaler Über-krustung und der Unterscheidung zwischen Gut und Böse unterliegt. Wir glauben zwar, wir würden alles so wahrneh-men, »wie es ist«, doch tun wir dies tatsächlich nie. Warum? Weil wir dazu neigen, Unterscheidungen zu treffen, oder weil wir unseren Begierden folgen. Der buddhistische Weg bein-haltet, dass wir uns mit allen verfügbaren Kräften bemühen, uns von emotionalen Unterscheidungen zwischen Gut und Böse ebenso zu lösen wie von unseren Vorurteilen, und dass wir bestrebt sind, alles so zu sehen, »wie es ist«.

Wenn ich sage, alles so zu sehen, »wie es ist«, meine ich, dass wir uns mit aller Kraft bemühen müssen, und zwar nicht darum, uns von unseren Begierden zu lösen, sondern darum, uns über ihre Existenz und ihr Wirken klar zu werden. Wenn ihr dabei einen Computer benutzen wollt, müsst ihr zunächst alle notwendigen Informationen eingeben. Eine Kategorie könnte dabei die der Begierden sein: so viel Begierde und diese Menge Nahrung, diese Art von Farbe und so viel Gewicht. Da unsere Begierden zur Vielzahl unserer Eigenschaften zäh-len, müssen wir sie einbeziehen. Tun wir dies, so sehen wir alle Dinge so, wie sie sind. Wir denken im Allgemeinen nicht unablässig über unsere Begierden nach. Ohne innezuhalten, um über die Ichzentriertheit unseres Urteils zu reflektieren, sagen wir: »Er ist gut« oder: »Er ist schlecht.« Doch jemand, der mir gegenüber schlecht ist, muss nicht unbedingt immer schlecht sein. Jemand anderem gegenüber kann er durchaus ein guter Mensch sein. Durch diese Art von Reflexion können wir allmählich lernen, alles so zu sehen, wie es ist. Dies ist der Buddha-Geist.

Das Gedicht beginnt mit den Worten *chikudo daisen no shin* – »**Der Geist des großen Weisen aus Indien**«. Damit ist der große Geist des Buddha gemeint, in dem alles enthalten ist. Mit anderen Worten: Der Geist, den wir bei der Zazen-Übung haben, ist der große Geist. Wir versuchen nicht, irgendetwas zu sehen; wir lassen das rationale Denken ebenso zum Stillstand kommen wie unsere Emotionen und sitzen einfach nur. Was immer uns widerfahren mag, wir sitzen einfach. Wenn irgendetwas geschieht, beunruhigt uns dies nicht. Es ist so, wie wenn in der unermesslichen Weite des Himmels etwas geschieht. Welcher Vogel auch am Himmel fliegen mag, dem Himmel ist es gleichgültig. Das ist der Geist, der vom Buddha auf uns übertragen wurde. Während des Sitzens geschehen viele Dinge. Vielleicht hört ihr das Geräusch des Bachs oder ihr denkt an irgendetwas – doch eurem Geist ist das gleichgültig. Euer großer Geist ist einfach da und sitzt. Selbst wenn ihr nicht denkt, dass ihr seht oder hört oder denkt, geht etwas im großen Geist vor sich. Das ist die Art, wie wir die Dinge wahrnehmen. Ohne zwischen »gut« oder »schlecht« zu unterscheiden, sitzen wir einfach. Wir haben Freude an den Dingen, doch haften wir nicht besonders an ihnen. Wir wissen sie im Augenblick ihres Auftauchens zu schätzen; das ist alles. Nach dem Zazen sagen wir: »Oh, guten Morgen!« Auf diese Weise widerfahren uns die Dinge, eines nach dem anderen, und wir wissen sie in ihrer jeweiligen Eigenart zu schätzen. Das ist die Geist-Übermittlung des Buddha. Und das ist die Art, wie wir Zazen üben.

Wenn ihr auf diese Weise Zazen übt, verringert ihr die Gefahr, in Schwierigkeiten zu kommen, wenn ihr ein Ereignis genießt. Versteht ihr das? Ihr erlebt etwas Besonderes und denkt: »*Das* ist es. *So* sollte es sein.« Und wenn euch dann jemand widerspricht, werdet ihr wütend. »Nein, es sollte *so* sein und nicht anders. Das Zen-Zentrum sollte *so* und nicht anders sein.« Vielleicht ist das in einer bestimmten Situation zutreffend, aber es gilt ganz sicher nicht für alle Zeiten. Wenn sich die Situation verändert, wenn wir Tassajara verlassen und auf einen anderen Berg umziehen müssen, kann die Situation dort nicht genauso sein, wie sie hier ist. Deshalb öffnen wir unseren Geist und bemühen uns, alles so wahrzunehmen, wie es ist. Wir beharren nicht auf etwas Bestimmtem und akzeptieren alles so, wie wir es vorfinden. Wenn ihr nicht von dieser Grundlage ausgeht und dann sagt: »Das ist der Berg« oder: »Das ist mein Freund« oder: »Das ist der Mond«, dann ist »der Berg« nicht der Berg, »mein Freund« ist nicht mein Freund, und »der Mond« ist nicht der Mond. Das ist der Unterschied zwischen der sogenannten »materialistischen« Perspektive und der Sichtweise und dem Weg des Buddha.

Der Weg des Buddha ist die Untersuchung und Auseinandersetzung mit der menschlichen Natur, und das schließt auch unsere Torheiten, Begierden, Vorlieben und Neigungen ein. Ich versuche immer wieder den Ausdruck »zu etwas neigen« zu verwenden – womit ich nicht meine, dass ich mich auf ihn fixiere. Wir neigen zu bestimmten Dingen oder haben die Tendenz, bestimmte Dinge zu tun. Das ist mein Motto. Als ich diesen Vortrag vorbereitete, kam jemand zu mir und fragte mich: »Was ist Selbstachtung, und wie können wir sie erlangen?« Wenn wir Selbstachtung haben, können wir sie nicht spüren. Haben wir das Gefühl: »Ich habe Selbstachtung«, dann ist das keine Selbstachtung mehr. Sind wir aber einfach wir selbst, ohne dass wir versuchen, irgendetwas Besonderes zu denken oder zu tun, sagen wir einfach, was uns in den Sinn kommt und wie wir uns fühlen, dann manifestiert sich Selbstachtung auf natürliche Weise. Wenn ich mit euch allen und mit allen Dingen eng verbunden bin, bin ich Teil eines großen umfassenden Seins. Spüre ich etwas, bin ich fast ein Teil davon, aber noch nicht völlig. Tut ihr etwas ohne auch nur das geringste Gefühl, dass ihr irgendetwas tut, seid ihr das ganz und gar selbst. Ihr seid dann völlig mit allen und allem eins und in keiner Weise mehr in eurem Ich-Bewusstsein befangen. *Das* ist Selbstachtung.

Wenn ihr das Gefühl habt, dass ihr »jemand« seid, müsst ihr intensiver Zazen üben. Wie ihr wisst, ist es schwer, beim Sitzen weder zu denken noch zu fühlen. Wenn ihr weder denkt noch fühlt, schlaft ihr ein. Wir selbst zu sein, ohne einzuschlafen und ohne zu denken, das ist, was wir üben. Seid ihr dazu in der Lage, könnt ihr sprechen, ohne zu viel dabei zu denken und ohne irgendeine Absicht zu verfolgen. Alles, was ihr dann sagt oder tut, ist nur eine Manifestation eures Selbstausdrucks. Das ist Selbstachtung in vollkommener Form. Zu dieser Art von Selbstachtung gelangt ihr durch die Zazen-Übung. Ihr müsst euch selbst sehr aufrichtig sehen, und das gilt ganz besonders für eure Neigungen. Wir alle haben bestimmte, für uns charakteristische Neigungen. Doch wenn ihr *versucht,* sie zu überwinden, oder *versucht,* beim Zazen nicht zu denken oder das Geräusch des Bachs nicht zu hören, werdet ihr feststellen, dass das nicht möglich ist. Lasst eure Ohren also hören, aber versucht nicht, zu hören, und lasst euren Geist denken, aber versucht nicht, zu denken, und versucht auch nicht, ihn zum Schweigen zu bringen. Das ist die Übung.

Dieser Rhythmus, diese Kraft wird eure Übung immer stärker prägen. Wenn ihr intensiv übt, werdet ihr Kindern wieder ähnlich werden. Während wir uns mit der Selbstachtung beschäftigten, hat draußen ein Vogel gesungen. *Kraa, kraa, kraa. Das* ist Selbstachtung! *Kraa, kraa, kraa.* Es bedeutet überhaupt nichts. Vielleicht hat der Vogel einfach nur ein Lied gesungen. Vielleicht hat er nur *kraa, kraa, kraa* gesungen, ohne auch nur irgendetwas dabei zu denken. Als wir es hörten, mussten wir alle unwillkürlich lächeln. Eigentlich ist es falsch, wenn wir sagen, dass das nur ein Vogel ist. Dieses Wesen beherrscht den ganzen Berg, die ganze Welt. Das ist Selbstachtung.

Wir müssen uns sehr bemühen, dies in unserer alltäglichen Übung umzusetzen. Gelingt es uns, so ist es nicht mehr nötig, über »ein umfassendes Sein« oder »Vogel« oder »viele Dinge, die ein umfassendes Sein enthält« zu sprechen. Es könnte ein Vogel oder ein Berg oder das *Sandokai* sein. Wenn ihr dies versteht, braucht ihr das *Sandokai* nicht zu rezitieren. Obwohl wir dieses Gedicht in sino-japanischen Silben rezitieren, ist das Chinesische oder Japanische dabei nicht das Entscheidende. Es ist ganz einfach ein Gedicht oder ein Vogel, und dies hier ist nur mein Vortrag. Es bedeutet nicht viel. Wir sagen, dass Zen nichts ist, worüber man sprechen kann. Es ist das, was wir in einem wahrhaftigen Sinne erfahren. Und das ist schwer. Aber da diese Welt uns ohnehin mit vielen Schwierigkeiten konfrontiert, braucht ihr euch keine Sorgen zu machen. Nichts ist leicht. Überall gibt es Probleme. Ihr solltet euch mit euren Problemen auseinandersetzen. Vielleicht ist es sogar besser, dass ihr Probleme mit der Übung habt, als dass ihr euch mit irgendwelchen anderen verwickelten Problemen auseinandersetzen müsst.

Von warmer Hand zu warmer Hand

Der Geist des großen Weisen aus Indien wurde direkt von Westen nach Osten übermittelt. Menschen unterscheiden zwischen Dummen und Klugen, doch auf dem wahren Weg gibt es keinen Patriarchen des Südens oder des Nordens.

Ich habe bereits erklärt, was der Titel *Sandokai* bedeutet, und ich bin auch auf die Bedeutung der ersten Textzeile **»Der Geist des großen Weisen aus Indien«** eingegangen. Nun werde ich etwas über die Hintergründe dieses Gedichts sagen und darüber, warum Sekito Kisen Daiosho es geschrieben hat. Als Konin, der Fünfte Patriarch, ankündigte, er werde jemanden zu seinem Dharma-Erben machen, glaubten alle Mönche, dies werde Jinshu sein. Tatsächlich jedoch wurde Eno, der in einer Ecke des Tempels Reis stampfte, von Konin als Nachfolger erwählt. So wurde er zum Sechsten Patriarchen. Jinshu war ein großer Gelehrter, und später wurde er im Norden Chinas ein großer Lehrer. Jinshus Schule wurde *Hoku Zen,* »Nördliches Zen«, genannt. Hingegen ging Eno in den Süden und verbreitete seine Lehre dort. Seine Schule wurde *Nan Zen,* »Südliches Zen«, genannt.

Nach Jinshus Tod verlor das Nördliche Zen an Bedeutung, wohingegen der Einfluss des Südlichen Zen größer wurde. Doch zu Sekitos Zeit war das Nördliche Zen noch sehr stark. Eno hatte sehr viele Schüler. Fünfzig kennen wir namentlich, aber es müssen noch viel mehr gewesen sein. Der jüngste unter seinen Schülern war Kataku Jinne. Er war ein sehr aufgeweckter und aktiver Mensch, und er hat sich sehr nachdrücklich gegen Jinshus Zen ausgesprochen. Wir können uns seiner Auffassung nicht völlig anschließen. Jeder, der das *Sutra des Sechsten Patriarchen (Plattform-Sutra)* studiert, weiß, dass Jinshus Lehre darin ziemlich vehement verworfen wird. Das Sutra muss von jemandem niedergeschrieben worden sein, der von Kataku Jinne beeinflusst worden war. Jedenfalls gab es einen Konflikt zwischen dem Südlichen Zen und Jinshus Zen, und Sekito wollte aus seiner Perspektive etwas zu diesem Disput sagen. Deshalb schrieb er dieses Gedicht.

Es beginnt: »**Der Geist des großen Weisen aus Indien wurde direkt von Westen nach Osten übermittelt.**« Sekito ist sich offensichtlich darüber im Klaren, dass die wahre Lehre des großen Weisen, Buddha Shakyamuni, die Lehren der Südlichen und der Nördlichen Schule ohne jeden Widerspruch einschließt. Auch wenn die Lehre des großen Weisen vielleicht nicht überall völlig verstanden wird, fließt sie doch allenthalben und durchströmt alles. Wer Augen hat, die Lehre zu sehen, und einen Geist, der sie zu verstehen vermag, der wird sie verstehen. Und wer sie versteht, der begreift, dass es unnötig ist, sich an einem solchen Disput zu beteiligen. Weil einige Schüler die wahre Lehre des Buddha nicht völlig verstanden, verstrickten sie sich in einen Disput. Aus Sekitos Perspektive besteht kein Grund für einen solchen Streit.

Die zweite Zeile lautet: »**... wurde direkt von Westen nach Osten übermittelt.**« – *Mitsu ni aifusu.* Der japanische Ausdruck bedeutet wörtlich: »genau, ohne Lücke zwischen den beiden«. Im *Sandokai* geht es in erster Linie darum, die Wirklichkeit aus zwei Perspektiven zu erklären. Wie bereits erwähnt, bedeutet *san* »viele« und *do* »eins«. Was ist »viele«? Was ist »eins«? Viele sind eins; eins ist viele. Obwohl wir »viele« sagen, existieren die vielen Dinge nicht getrennt voneinander, sondern sie sind eng miteinander verbunden. Und das bedeutet, dass sie praktisch eins sind. Doch obwohl sie eins sind, erscheint dieses Eine als viele. Deshalb ist »viele« ebenso zutreffend wie »eins«, und auch wenn wir »eins« sagen, können wir die Vielfalt der Wesen nicht ignorieren – die Sterne und Monde, die Säugetiere und Fische. Aus dieser Perspektive sagen wir, dass sie miteinander verbunden sind. Wenn wir also über die Bedeutung der einzelnen Wesen sprechen, müssen wir über »viele« Dinge sprechen. Gelangen wir jedoch zu dem wahren Verständnis der Wirklichkeit als Einheit, so kann es uns nur noch darum gehen, die Identität von Einheit und Vielfalt zu verstehen.

Eine andere Erklärung der Wirklichkeit besteht darin, sie im Sinne der Identität von Gleichheit und Unterschiedlichkeit zu verstehen. Unterschiedlichkeit ist Gleichheit, und Dinge sind gleichwertig, weil sie unterschiedlich sind. Wenn Männer und Frauen gleich sind, verlieren die Unterschiede zwischen den beiden Geschlechtern ihren Wert. Weil Männer und Frauen unterschiedlich sind, sind Männer als Männer und Frauen als Frauen von Wert. Unterschiedlich zu sein bedeutet, einen Wert zu haben. In diesem Sinne haben wir alle den gleichen absoluten Wert. Jedes Ding hat einen absoluten Wert, der dem Wert aller anderen Dinge gleich ist. Normalerweise benutzen wir alle möglichen Bewertungsmaßstäbe, beispielsweise die des Tauschwerts, des materiellen Werts, des spirituellen Werts und des moralischen Werts. Aufgrund eines solchen Bewertungsmaßstabs können wir sagen: »Er ist gut« oder: »Er ist nicht so gut«. Der moralische Wertmaßstab definiert den Wert eines Menschen. Doch verändert sich der moralische Standard ständig, und ein tugendhafter Mensch ist nicht immer tugendhaft. Verglichen mit jemandem, der wie Buddha ist, steht er nicht so gut da. »Gut« oder »schlecht« entstehen aufgrund eines bestimmten Bewertungsmaßstabs. Doch da Dinge unterschiedlich sind, hat jedes Ding seinen eigenen Wert, und dieser Wert ist ein absoluter. Der Berg ist nicht wertvoller, weil er hoch ist, und der Fluss nicht weniger wertvoll, weil er niedriger liegt. Andererseits ist der Berg ein

Berg, weil er hoch ist, und er hat einen absoluten Wert; und es ist charakteristisch für Wasser, dass es unten im Tal fließt, und es hat seinen eigenen absoluten Wert. Die Qualität des Berges unterscheidet sich völlig von der Qualität des Flusses; und weil sie unterschiedlich sind, sind sie von gleichem Wert – und »gleicher Wert« bezieht sich hier auf den absoluten Wert.

Gleichheit ist aus buddhistischer Sicht identisch mit Unterschiedlichkeit, und Unterschiedlichkeit ist identisch mit Gleichheit. Gewöhnlich wird Unterschiedlichkeit als das Gegenteil von Gleichheit angesehen, doch nach unserer Auffassung sind Gleichheit und Unterschiedlichkeit ein und dasselbe. Eins und viele sind gleich. Betrachten wir die Dinge ausschließlich aus der Perspektive der Unterscheidung von »eins« und »viele«, so ist unser Verständnis zu materialistisch und zu oberflächlich.

Der nächste Satz beginnt mit: »**Menschen unterscheiden zwischen Dummen und Klugen ...**« – *ninkon ni ridon ari*. Dies bezieht sich auf den Disput zwischen der Nördlichen Schule und der Südlichen Schule. Es ist schwierig, diese Passage adäquat zu übersetzen. Die Klugen sind beim Studium und bei der Integration der buddhistischen Lehre nicht unbedingt im Vorteil, und die Dummen, die weniger Aufgeweckten, sind nicht immer diejenigen, die Schwierigkeiten haben. Ein geistig weniger »heller« Mensch ist gut, so wie er ist; und ein Mensch mit brillantem Intellekt ist ebenfalls gut, so wie er ist. Wenn man beide miteinander vergleicht, kann man letztlich nicht sagen, wer der Bessere ist.

Ich bin selbst nicht so klug, deshalb weiß ich genau, wovon ich rede. Mein Meister hat immer zu mir gesagt: »Du krumme Gurke!« Ich war der letzte Schüler, der zu ihm kam, aber ich bin schließlich zum ersten geworden, weil all die cleveren »guten Gurken« weggelaufen sind. Vielleicht waren sie zu clever. Ich jedenfalls war nicht klug genug, um mich rechtzeitig aus dem

Staub zu machen; deshalb hat es mich erwischt. Für das Studium des Buddhismus war meine Dummheit von Vorteil. Als nur noch ich allein bei meinem Meister war, wurde ich sehr traurig. Wenn ich klug gewesen wäre, wäre ich ebenfalls weggelaufen. Doch ich hatte meine Familie aus eigener freier Entscheidung verlassen. Ich sagte zu meinen Eltern: »Ich werde gehen.« Sie entgegneten: »Du bist noch zu jung; bleib besser noch bei uns.« Aber ich war fest entschlossen und ging. Da ich meine Eltern aus eigenem Antrieb verließ, glaubte ich später, nicht mehr zu ihnen zurückkehren zu können. Natürlich wäre es möglich gewesen, aber ich hätte es einfach nicht über mich gebracht. Und ich wusste auch nicht, wohin ich sonst gehen sollte. Nicht zuletzt deshalb bin ich nicht von meinem Meister weggelaufen. Ein anderer Grund bestand darin, dass ich für so etwas einfach nicht clever genug war. Kluge Menschen sind also nicht immer im Vorteil, und weniger aufgeweckte Menschen sind gut, so wie sie sind. In dieser Weise jedenfalls sehen wir es.

Es gibt im Grunde keine dummen und keine klugen Menschen. »Kluge« wie »Dumme« haben es nicht leicht. Kluge Menschen haben ihre Schwierigkeiten, und weniger aufgeweckte haben ebenfalls Probleme. Beispielsweise muss ein weniger begabter Mensch beim Studium sehr hart arbeiten und ein Buch viele Male lesen, um es zu verstehen. Hingegen vergisst ein intelligenter Mensch mit schneller Auffassungsgabe das Gelernte leicht wieder. Er lernt zwar sehr schnell, behält das Gelernte aber oft nicht sehr lange. Weniger Begabte brauchen länger, um sich etwas zu merken, doch wenn sie einen Text immer wieder lesen und ihn schließlich in ihrer Erinnerung gespeichert haben, vergessen sie ihn auch nicht so schnell wieder. Insofern macht es gar nicht so einen großen Unterschied, ob jemand dumm oder klug ist.

In der nächsten Zeile heißt es: »**... doch auf dem wahren Weg gibt es keinen Patriarchen des Südens oder**

des Nordens.« Das ist sehr wahr und sehr wichtig. Jinshu ist gut, und der Sechste Patriarch, Eno, ist auch gut. Jinshu ist gut für jemanden, der die Dinge sehr gründlich und genau studiert, und Eno ist für Menschen mit schneller und scharfer Auffassungsgabe gut. Manche Lehrer erklären die Lehren des Buddha sehr detailliert, so dass ihre Schüler sie Wort für Wort verdauen können. Bei anderen Schülern sind derart ausführliche Erklärungen überflüssig; ihnen reicht das Wesentliche. Was im konkreten Fall besser ist, hängt völlig von der jeweiligen Person ab. Große Lehrer mögen die Lehre auf unterschiedliche Weise erklären, doch ist ihr Verständnis der Wahrheit dem Verständnis des Buddha gleich.

Menschen geraten aufgrund ihrer Art der Bewertung in Verwirrung, wenn sie »zwischen Dummen und Klugen unterscheiden«. Aus der Perspektive unserer Ahnen sind beide Kategorien gleich. In diesem Verständnis waren sie sich alle einig; deshalb »gibt es keinen Patriarchen des Südens oder des Nordens«. Dies ist Sekitos Sicht der Dinge.

Übrigens war Sekito zunächst Schüler des Sechsten Patriarchen, wurde aber nach dessen Tod Schüler von Seigen, dem Dharma-Erben Enos. So etwas kommt ziemlich oft vor. Auch ich habe hier einige Schüler, und wenn ich sterbe, werden diejenigen, die nicht meine Schüler werden konnten, Schüler meiner Schüler werden. Das Studium des Buddhismus ist nicht mit irgendeinem anderen Studium zu vergleichen. Es dauert eine ganze Weile, bis man die Lehre völlig annehmen kann. Und die wichtigste Rolle bei diesem Prozess spielt ihr selbst, die Schüler, nicht euer Lehrer. Wenn ihr intensiv studiert, übermittelt euch euer Lehrer die Seele, den Geist, des Lernens. Dies wird direkt übermittelt, »von warmer Hand zu warmer Hand«. Doch ihr selbst müsst das Entscheidende tun! Darum geht es. Es gibt letztlich nichts, was euch übermittelt werden könnte. Was ihr lernen müsst, könnt ihr aus Büchern entnehmen, oder Lehrer können es euch erklären;

deshalb gibt es die Lehrer und den Meister. Einige von euch sind meine Schüler. Wir nennen den Schüler eines Meisters *deshi*. Diejenigen unter euch, die nicht meine Schüler sind, sind *zuishin*, »Anhänger«. Man kann sehr lange mit einem Lehrer verbunden bleiben, manchmal länger, als man mit dem Meister zusammenarbeitet. Als ich 32 Jahre alt war, starb mein Meister. Nach seinem Tod studierte ich unter der Anleitung von Kishizawa Roshi, und ihm habe ich den größten Teil meines Verständnisses zu verdanken. Doch mein Meister war Gyokujun So-on. – Es ist schon wahr: »**Auf dem wahren Weg gibt es keinen Patriarchen des Südens oder des Nordens.**« Der Weg ist eins.

Zu üben ist nicht so, als ob ihr etwas in eurem Korb sammeltet, sondern eher als entdecktet ihr etwas in eurem Ärmel. Allerdings seid ihr erst nach intensivem Studium in der Lage zu erkennen, was in eurem Ärmel steckt; das ist alles. Was der Buddha hat und was ich habe, ist ein und dasselbe. »Oh! Das ist großartig!« Diesen Geist müssen wir haben. Ihr müsst sehr intensiv studieren, ganz gleich, was ich sage. Wenn euch das, was ich sage, nicht gefällt, solltet ihr es nicht akzeptieren. Das ist in Ordnung. Irgendwann werdet ihr eure Meinung vielleicht ändern. Wenn ihr ablehnt, was ich sage, werde ich entgegnen: »Okay, aber strengt euch weiter an und setzt dabei alle Kraft ein, die ihr habt!« Das halte ich für das Entscheidende am Buddhismus. Unsere Sichtweise ist sehr weitherzig. Ihr habt als Buddhisten in eurem Studium ein ungeheures Maß an Freiheit. Deshalb »gibt es keinen Patriarchen des Südens oder des Nordens«. Was immer ihr sagen mögt, ist okay. Sekito sagt: »An den Dingen zu haften ist Illusion, und die Wahrheit zu erkennen ist auch nicht immer Erleuchtung.« Es *kann* Erleuchtung sein, ist es aber nicht immer. »An Dingen haften« bedeutet, sich an Dinge zu klammern – die vielen Dinge, die ihr seht, festzuhalten. Ist uns bewusst, dass alle Dinge unterschiedlich sind, sehen wir jedes Ding als etwas Besonderes an.

Und wenn ihr so denkt, haftet ihr an Dingen. Das ist keineswegs ungewöhnlich. Doch selbst wenn ihr die Wahrheit des Einsseins aller Dinge erkannt habt, ist das nicht unbedingt die Erleuchtung. Es ist zunächst nur ein intellektuelles Verstehen. Ein erleuchteter Mensch ignoriert die einzelnen Dinge nicht, und er haftet auch nicht an ihnen, nicht einmal an der Wahrheit. Es gibt keine Wahrheit, die sich von dem, was jedes Wesen ist, unterscheidet. Jedes Wesen ist selbst die Wahrheit. Vielleicht glaubt ihr, es gebe eine Wahrheit, die über alle Wesen herrsche: »Diese Wahrheit gleicht der Wahrheit der Schwerkraft. Der Apfel ist jedes Wesen, und der Apfel unterliegt irgendeiner Wahrheit, die auf den Apfel einwirkt wie das Gesetz der Schwerkraft.« Wenn man die Dinge so versteht, so ist das nicht die Erleuchtung.

Das ist das Rückgrat des *Sandokai*.

Buddha ist immer da

Die Quelle der Lehre ist rein und ohne Makel.
Bäche, die sich verzweigen, fließen in der Dunkelheit.
An einer Idee zu haften ist Täuschung.
Die Wahrheit zu erkennen ist auch nicht immer Erleuchtung.

»Die Quelle der Lehre ist rein und ohne Makel« – *reigen myo ni kokettari*. Es handelt sich um etwas Wundervolles, um etwas, das sich durch Worte nicht beschreiben lässt. Worüber der Buddha sprach, ist die Quelle der Lehre, die über jede Unterscheidung im Sinne von richtig und falsch hinausgeht. Das ist wichtig. Alles, was unser Geist sich vorstellen kann, ist nicht die Quelle selbst. Die Quelle ist etwas, das nur ein Buddha kennt. Nur wenn ihr Zazen übt, habt ihr Zugang zu ihr. Doch auch wenn ihr euch nicht der Übung widmet, existiert die Quelle – also unabhängig von unserer Realisation. Ihr könnt sie ohnehin nicht kosten, denn die wahre Quelle ist weder wohlschmeckend noch nicht wohlschmeckend.

Drei Zeilen später sagt Sekito: **»Die Wahrheit (*ri*) zu erkennen ist auch nicht immer Erleuchtung.«** *Ri* ist »Wahrheit«. Oft meinen wir, die Wahrheit sei etwas, das wir sehen oder herausfinden können sollten. Doch im Buddhismus verstehen wir unter Wahrheit etwas anderes. Die Wahrheit im buddhistischen Sinne lässt sich mit Hilfe unserer Fähigkeit, Dinge zu beschreiben und zu denken, nicht erfassen. *Ri* kann auch bedeuten »die wundervolle Quelle« – womit gemeint ist: »so wundervoll, dass wir es nicht zu beschreiben vermögen«. Dies ist die Quelle, die Quelle allen Seins, aller Wesen.

Wenn wir von »Sein« oder »Wesen« sprechen, so schließt dies übrigens auch unsere Gedanken ein. »Sein« umfasst sowohl die vielen Dinge, die wir sehen, als auch alles, was wir denken. Gewöhnlich meinen wir, wenn wir von »Wahrheit« sprechen, ein Prinzip, das den Dingen zugrunde liegt. In diesem Sinne verstanden ist es beispielsweise eine Wahrheit, dass die Sonne im Osten auf- und im Westen untergeht oder dass die Erde sich in eine bestimmte Richtung dreht. Im Buddhismus jedoch wird dies nicht der höchsten Wahrheit zugerechnet, sondern es wird ebenfalls als »Sein« verstanden – als ein Sein, das im großen Geist enthalten ist. Alles, was in unserem Geist auftaucht, ob groß oder klein, richtig oder falsch, ist Sein. Wenn wir über etwas nachdenken und dabei die Kategorien »richtig« und »falsch« anwenden, sagen wir vielleicht: »Das ist die ewige Wahrheit.« Für uns als Buddhisten jedoch gehört auch diese Idee dem Bereich des Seins an, weil jene »ewige Wahrheit« etwas ist, das ganz einfach in unserem Geist existiert.

Für uns ist die Unterscheidung zwischen Dingen, die außerhalb von uns existieren, und solchen in unserem Inneren nicht sonderlich wichtig. Wenn ihr sagt, etwas existiere außerhalb von euch, so ist das nicht wahr. Ihr habt zwar das Gefühl, dass es so sei, doch bei einer Aussage wie: »Dort ist der Fluss« befindet sich dieser Fluss schon in eurem Geist. Jemand sagt vielleicht unbedacht: »Der Fluss ist dort drüben«, doch wenn ihr eingehender darüber nachdenkt, werdet ihr feststellen, dass der Fluss sich als eine Art Gedanken in eurem Geist befindet. Die Vorstellung, der Fluss sein »dort drüben«, ist eine dualistische, primitive und oberflächliche Denkweise. Die wahre Quelle, *ri*, übersteigt unser Denkvermögen.

»Die Quelle ist rein und ohne Makel.« Versucht ihr sie zu beschreiben, so verseht ihr die Wahrheit mit einer Einschränkung – und damit fügt ihr der Wahrheit einen Makel zu, ihr beschmutzt sie.

Die nächste Zeile lautet: »**Bäche, die sich verzweigen, fließen in der Dunkelheit.**« – *Shiha an ni ruchusu. Shiha* bedeutet »Bachverzweigung«. Sekito verwendet den Ausdruck
shiha aus poetischen Gründen, als Gegenstück zu *reigen,* der
Quelle. Er benutzt *shiha,* um diese beiden Zeilen des Gedichts
poetisch schön zu gestalten. *Reigen* ist eher als Noumenon,
shiha eher als Phänomen zu verstehen. Das ist zwar nicht
ganz korrekt ausgedrückt, aber die beiden Begriffe erfassen
in etwa das Gemeinte, und so benutze ich sie in aller Vorläu-
figkeit. Es ist gut, wenn ihr die Begriffe *ri* und *ji* im Gedächtnis
behaltet. *Ji* bezieht sich auf etwas, das wir sehen, hören, riechen oder schmecken können, sowie auf Objekte des Denkens und auf Vorstellungen. Alles, was in eurem Bewusstsein
auftauchen kann, ist *ji.* Was unser Bewusstsein nicht zu erfassen vermag, ist *ri.* Die fünf Schriftzeichen *reigen myo ni kokettari* beziehen sich also auf *ri* (die Quelle der Lehre), auf etwas,
das sich der Beschreibung durch Worte entzieht, auf etwas,
das ohne Makel ist. Im *Prajnaparamita-Sutra* heißt es: »Keine
Farbe, kein Klang, kein Geschmack, keine Berührung, keine
Geistesobjekte …«. Das ist *ri.*

In der Dunkelheit folgen die Verzweigungen des Bachs
ihrem natürlichen Lauf und durchdringen alles, wie Wasser es
zu tun pflegt. Selbst wenn wir uns der Gegenwart des Wassers nicht bewusst sind, ist es da. Es befindet sich ebenso
in unserem Körper wie in den Pflanzen. Wasser ist einfach
überall. Und so ist es auch mit der reinen Quelle: Auch sie ist
überall. Jedes Wesen ist die reine Quelle, und die reine Quelle
ist nichts anderes als jedes Wesen. Beide sind nicht zwei. Es
besteht kein Unterschied zwischen *ri* und *ji,* der reinen Quelle
und dem Bach, zu dem sie wird. Der Bach ist die reine Quelle,
und die reine Quelle ist der Bach.

Obwohl wir uns der reinen Quelle nicht bewusst sind, fließt
sie überall. Die reine Quelle fließt überall, auch wenn ihr es
nicht wisst. Dieses »nicht wissen« ist, was wir »dunkel« nennen.

Nicht wissen, *an,* ist sehr wichtig. Wenn wir an Wesen, Dingen und Ideen festhalten, selbst wenn es die Lehre des Buddha ist – indem wir sagen: »Die Lehre des Buddha lautet *so«* –, haften wir an *ji.* »**An einer Idee zu haften ist Täuschung.**«

»Die Wahrheit zu erkennen ist auch nicht immer Erleuchtung.« Hierüber sollte man besser gar nichts sagen. Wenn ich **es** ins Englische übersetze, ist es schon *ji.* Erleuchtung, *satori,* ist nicht etwas, das wir tatsächlich erfahren können. Erleuchtung liegt jenseits unserer Möglichkeiten, Dinge zu erfahren. Andererseits ist Erleuchtung einfach da – unabhängig davon, dass wir denken, sie liege außerhalb unserer Erfahrensmöglichkeiten. Wenn jemand sagt: »Ich habe Erleuchtung erlangt«, so ist das falsch. Es bedeutet, dass die betreffende Person an irgendeiner Erklärung der Erleuchtung haftet. Das ist Täuschung. Man kann weder sagen, dass es keine Erleuchtung gibt, noch, dass es Erleuchtung gibt. Über Erleuchtung können wir weder sagen, dass sie existiert, noch, dass sie nicht existiert. Andererseits ist auch etwas, das ihr erfahren könnt, Erleuchtung. Diese beiden Aspekte wirklich zu verstehen ist Erleuchtung.

Zu Sekitos Zeit fand ein großer Disput über »plötzliche Erleuchtung« und »allmähliche Erleuchtung« statt. Im *Plattform-Sutra* wird Jinshu vorgeworfen, sein Weg sei der Weg der allmählichen Erleuchtung, wohingegen der Weg Enos der Weg der plötzlichen Erleuchtung sei. Gemäß dem *Plattform-Sutra* ist »einfach-nur-sitzen« nicht die wahre Übung.

Es könnte allerdings sein, dass diese Unterscheidung nicht auf Eno selbst zurückgeht. Tatsächlich besteht kein großer Unterschied zwischen Jinshus Weg und Enos Weg. Die Kritik wurde zu einem späteren Zeitpunkt hinzugefügt, entweder von Kataku Jinne, einem Schüler Enos, oder nach Kataku Jinnes Tod von einem seiner Schüler. Kataku Jinne war ein großer Zen-Meister, der sehr viel bewirkt hat, und er war, wie bereits erwähnt, Jinshus Weg gegenüber sehr kritisch eingestellt, allerdings hat er ihn wahrscheinlich nicht so heftig kritisiert wie seine späteren Schüler.

Das *Plattform-Sutra* ist zwar unmittelbar nach dem Tod Enos aufgeschrieben worden, doch haben Kataku Jinnes Schüler wahrscheinlich etwa fünfzig Jahre später noch einige Dinge darin verändert. Vielleicht haben sie ja auch das folgende berühmte Gedicht hinzugefügt: »Es gibt keinen Bodhibaum; es gibt keinen Spiegel. Es gibt keinen Halter für den Spiegel; es ist ganz einfach nichts da. Wie sollte da der Spiegel geputzt werden?« Viele haben dieses Gedicht kritisiert, weil es nicht so gut ist. Und viele meinen, dass es nicht vom Sechsten Patriarchen stammen könne.

In jener Zeit wurde es als eine Ehre angesehen, das *Plattform-Sutra* zu besitzen. Doch gab es unterschiedliche Versionen dieses Textes, und in den ältesten unter ihnen ist weder das soeben erwähnte Gedicht noch irgendeine Kritik an der Schule Jinshus zu finden.

Das *Sandokai* wurde geschrieben, um dem falschen Verständnis der Sichtweise Jinshus entgegenzutreten, die ihn so erscheinen lässt, als hafte er an Ritualen oder an Gelehrsamkeit. Gelehrsamkeit ist *ji*. *Ri* können wir durch die Übung erfahren. Vielleicht seid ihr der Meinung, auch Gelehrsamkeit sei *ri*, doch für uns ist das nicht so. *Ri* zu verwirklichen, ein umfassendes Verständnis von *ri* zu entwickeln, *ri* zu akzeptieren, das ist unsere Übung. Doch auch wenn ihr Zazen übt und denkt, dies sei *ri* oder das Erreichen von *ri* oder die Verwirklichung von *ri*, dann ist das nach Sekito nicht immer so. Dies wollte er durch sein Gedicht vermitteln, und es bildet das Rückgrat des gesamten *Sandokai*. Wenn ihr das versteht, versteht ihr das ganze *Sandokai*.

Die ersten Zeilen sind die Einleitung: »**Der Geist des gro-ßen Weisen von Indien wurde direkt von Westen nach Osten übermittelt.**« – »Großer Weiser« kann in diesem Zusammenhang auch »Einsiedler« bedeuten. Zu Sekitos Zeit gab es viele taoistische Einsiedler, die auf ihre übernatürlichen Kräfte stolz waren und die nach einem lebensverlängernden Elixier suchten. An der buddhistischen Übung waren sie nicht so sehr interessiert, und sie verstanden auch nicht, warum es so wichtig sein sollte, Zazen zu üben. Mit dieser Frage hat sich auch Dogen Zenji beschäftigt. Wenn wir alle ohnehin die Buddha-Natur haben, warum ist es dann notwendig zu üben? Dogen hat sich sehr intensiv mit dieser Frage beschäftigt und ihretwegen sehr gelitten. Es gelang ihm nicht, sie durch intellektuelle Anstrengungen zu beantworten, und er konnte sie auch nicht einfach auf sich beruhen lassen.

Wenn ihr euch wirklich kennt, wird euch klar werden, wie wichtig es ist, Zazen zu üben. Solange ihr nicht wisst, was ihr tut, wisst ihr auch nicht, warum wir Zazen üben. Ihr haltet euch für frei und glaubt, alle eure Handlungen seien das Resultat freier Entscheidungen. Tatsächlich jedoch kreiert ihr durch das, was ihr tut, für euch selbst und für andere Karma. Ihr wisst nicht, was ihr tut, und meint deshalb, es sei unnötig, Zazen zu üben. Doch wir müssen unsere Schulden selbst zurückzahlen; das kann niemand anders für uns tun. Deshalb ist es notwendig zu üben. Wir üben, um unsere Verpflichtungen zu erfüllen. Wir müssen es tun. Wenn ihr nicht übt, fühlt ihr euch nicht so gut, und außerdem kreiert ihr dann Probleme, unter denen andere leiden. Doch wenn euch dies nicht klar ist, sagt ihr: »Warum sollen wir Zazen üben?« Und wenn ihr weiterhin sagt: »Wir *haben* doch die Buddha-Natur«, denkt ihr vielleicht, die Buddha-Natur sei etwas Greifbares wie ein Diamant, den ihr im Ärmel habt. Doch die wahre Buddha-Natur hat damit nichts gemein. Ein Diamant ist *ji*, nicht *ri*. Wir bewegen uns ständig in der Welt *von ji*, ohne *ri* zu realisieren.

Ich habe in einem anderen Zusammenhang über die menschlichen Möglichkeiten gesprochen. »**Menschen unterscheiden zwischen Dummen und Klugen.**« – *Ninkon ni ridon ari*. Diese Zeile ist hauptsächlich aus rhetorischen Gründen eingefügt worden; für das *Sandokai* als Ganzes ist ihr Inhalt weniger wichtig. Doch ist es sicher interessant, sich einmal damit zu beschäftigen, wie der Buddhismus die Möglichkeiten eines Menschen sieht. *Nin* bedeutet »menschlich«, *kon* ist das japanische Wort für »Wurzel« oder »Möglichkeit«; *ninkon* bedeutet also »menschliche Möglichkeiten« oder »menschliches Potential«. *Ri* bedeutet »jemand, der einen Vorteil hat«, und *don* ist »jemand, der einen Nachteil hat«. Unsere menschlichen Wurzeln oder Möglichkeiten gereichen uns also sowohl zum Vorteil als auch zum Nachteil. Wir sprechen von *rikon* und von *donkon;* außerdem gibt es auch noch den Begriff *kikon,* der ebenfalls »menschliches Potential« bedeutet und der sowohl *rikon* als auch *donkon* umfasst. Ich erwähne dies, um noch intensiver auf unser Verständnis der Übung einzugehen und darauf, warum es wichtig ist, Zazen zu üben.

Ki hat drei Aspekte: Potential, Verbundenheit und Angemessenheit. Wir alle verfügen über das Potential, ein Buddha im wahren Sinne zu sein. Es verhält sich damit so wie mit Pfeil und Bogen. Weil Pfeil und Bogen über ein bestimmtes Potential verfügen, fliegt der Pfeil, wenn wir beide sachgerecht benutzen. Wenn wir sie nicht ihrer Funktion entsprechend benutzen, fliegt der Pfeil nicht. Ebenso wie Pfeil und Bogen verfügen auch wir Menschen über ein Potential. Von eurem Potential her könnt ihr ein Buddha sein, doch wenn ihr nicht Zazen übt oder wenn der Buddha euch nicht hilft, könnt ihr trotz eures Potentials kein Buddha werden.

Der Begriff Potential umfasst zwei Bedeutungen. Eine ist »Möglichkeit« [im Sinne von Anlage], die andere »zukünftige Möglichkeit« [im Sinne von Chance]. Aus der Perspektive unseres Wesens oder unserer Natur, haben wir alle die Möglichkeit, ein Buddha zu sein. Betrachten wir die Situation hingegen aus der Perspektive der Zeit, des »wann«, so kann ich trotz meines Potentials kein Buddha sein, wenn mir niemand dabei hilft. Aus der Perspektive unseres Wesens bedeutet

Potential also »Möglichkeit« [im Sinne von Anlage], und aus der Perspektive der Zeit bedeutet der Begriff so etwas wie »zukünftige Möglichkeit« [im Sinne von Chance].

Verstehen wir den Begriff Potential im Sinne unseres Wesens oder unserer Natur, so sollten wir allen gegenüber sehr gütig und großzügig sein, weil alle von Natur aus über das Potential, die Möglichkeit, verfügen, Buddha zu sein, auch wenn sie dies im Augenblick nicht sind. Doch beschäftigen wir uns mit dem Begriff Potential im Sinne des »wann«, sollten wir sehr streng sein. Versteht ihr das? Wenn ihr es diesmal nicht schafft, wenn ihr euch nicht diese Woche oder dieses Jahr große Mühe gebt, wenn ihr ständig sagt: »Morgen, morgen«, werdet ihr euch diese Chance, Erleuchtung zu erlangen, entgehen lassen, obwohl ihr die Möglichkeit dazu [als Anlage] habt.

Ebenso verhält es sich mit eurer Übung. Denkt ihr nicht an den Zeitfaktor, könnt ihr allen gegenüber sehr großzügig sein und alle Menschen sehr gut behandeln. Doch sind wir uns der Zeit bewusst, des Heute und des Morgen, können wir nicht so großzügig sein, weil sich sonst bei uns das Gefühl einstellt, dass wir unsere Zeit vertun. Deshalb sagen wir dann: »Du tust dies, ich tue jenes« oder: »Du hilfst diesem Menschen, und ich helfe jenem«. In diesem Sinne müssen wir uns selbst gegenüber sehr streng sein. Deshalb analysieren wir *ki*, Potential, auf verschiedene Weisen – als »Möglichkeit« [im Sinne von Anlage] und als »zukünftige Möglichkeit« [im Sinne von Chance]. Wenn ihr den Beriff Potential so versteht, hilft euch dies sehr bei eurer Arbeit und bei eurer Übung, denn ihr könnt euch dann beiden Bereichen manchmal auf eine sehr großzügige Weise, in anderen Fällen jedoch auf eine eher strenge Weise widmen. Wir müssen in unserer Übung und in unserem Verständnis von *ki* beide genannten Aspekte kultivieren. Dies ist die erste Bedeutung von *ki*.

Die zweite Bedeutung von *ki* ist »Verbundenheit«. In

diesem Fall ist die Beziehung zwischen dem Buddha und einem Menschen von guter Wesensart gemeint sowie auch die Beziehung zwischen einem Buddha und einem Menschen von schlechter Wesensart. Ich muss hier den Begriff »schlechte Wesensart« benutzen, verstehe ihn aber nur als eine provisorische Formulierung. Wir sollten Menschen von guter Wesensart ermutigen und ihnen helfen, Freude an ihrer Übung zu entwickeln. Und wenn wir mit jemandem zusammen üben, den wir hier provisorisch als »nicht so gut« bezeichnen, sollten wir das Leiden dieses Menschen mit ihm teilen. Dies entspricht unserem Verständnis. *Ki* bedeutet also manchmal »Wechselbeziehung zwischen jemandem, der hilft, und jemandem, dem geholfen wird«. Dies wird *jihi* genannt. *Ji* bedeutet »Mitgefühl haben«, »jemanden ermutigen«. Und *hi* bedeutet »glücklich machen«. *Jihi* wird gewöhnlich als »Liebe« übersetzt. Liebe hat zwei Seiten. Die eine ist »Freude geben« – *yoraku,* die andere ist »mit-leiden« – *bakku.* Um das Leiden eines anderen Menschen zu lindern, leiden wir mit ihm, wir teilen sein Leid mit ihm. Das ist Liebe.

Wenn eine Person »sehr gut« ist, können wir die Freude der Übung mit ihr teilen, indem wir ihr ein gutes Sitzkissen, ein gutes Zendo oder ähnliche Dinge geben. Doch jemandem, der zu viel leidet, bedeutet ein Zendo nicht viel. Es kann sein, dass solch ein Mensch nichts von dem, was wir ihm geben wollen, annimmt, Beispielsweise könnte er sagen: »Das brauche ich nicht. Ich leide zu sehr, und ich weiß nicht, warum. Im Augenblick ist für mich das Wichtigste, dass ich aus diesem Leiden herauskomme. Und dabei kannst du mir nicht helfen; niemand kann mir dabei helfen.« Wenn ihr so etwas hört, solltet ihr wie der Bodhisattva Avalokiteshvara dem leidenden Menschen gleich werden und so leiden, wie dieser Mensch leidet. Aufgrund eurer Liebe, eurer angeborenen Liebesfähigkeit, eures Liebesinstinkts teilt ihr mit ihm das Leiden. Das ist wahre Liebe. *Ki* kann also nicht nur »Möglichkeit«

oder »Potential« bedeuten, sondern auch »Verbundenheit«. Dies ist die zweite Bedeutung von *ki*.

Die dritte Bedeutung von *ki* ist »gute Mittel« oder »angemessener Gebrauch«, so wie der Deckel, der auf einen bestimmten Behälter passt. Eine japanische Badewanne ist ein Fass aus Holz, das nach dem Baden mit einem großen, hölzernen Deckel verschlossen wird. Dieser Deckel kann nicht für einen Kochtopf benutzt werden, weil er dafür zu groß ist. Deshalb ist für den Badebottich ein spezieller Deckel erforderlich. In diesem Sinne ist die dritte Bedeutung von *ki*, »angemessener Gebrauch«, zu verstehen. Wenn ihr einen Menschen seht, der aufgrund von Unwissenheit leidet, weil er nicht weiß, was er tut, dann weint ihr und leidet mit ihm. Wenn ihr jemanden seht, der sich an seiner wahren Natur erfreut, solltet ihr euch mit diesem Menschen zusammen freuen und ihn ermutigen. Das bedeutet es, eine gute, angemessene Beziehung zu jemandem zu haben.

In diesem Zusammenhang gibt es noch einen anderen Punkt, der mich sehr stark interessiert. Wie ihr vielleicht wisst, soll der Buddhismus nach der Überlieferung nicht für alle Zeit existieren. In den Sutras werden verschiedene Zeitspannen genannt, doch gewöhnlich heißt es, der Buddhismus werde 1.500 Jahre nach dem Tod des Buddha untergehen.

Es wurde gesagt, in den ersten fünfhundert Jahren, in der Zeit der direkten Schüler des Buddha und deren direkter Schüler, werde es große Weise wie den Buddha geben. Diese Zeitspanne wird *shobo* genannt, die Zeit des Buddha. In den nächsten fünfhundert Jahren werde es Menschen geben, die Zazen üben und den Buddhismus studieren. Diese Zeitspanne wird *zobo* genannt, die Zeit der Dharma-Nachahmung. Von der letzten Periode, *mappo* genannt, deren Beginn tausend Jahre nach dem Tod des Buddha angesetzt wurde, hieß es, dass die Menschen sich in ihr nicht mehr an die buddhistischen Verhaltensregeln halten würden. Sie würden zwar die Sutras lesen und rezitieren, jedoch kein Interesse an Zazen haben. Menschen, die Zazen übten und die Lehre verstünden, seien dann nur noch schwer zu finden. Und das ist tatsächlich so. Die Menschen halten sich nicht an die Verhaltensregeln, und sie beschäftigen sich nur theoretisch mit den Ideen der Leerheit und des Seins, doch sie verstehen nicht, was wirklich damit gemeint ist.

Wir sprechen über Leerheit, und ihr glaubt vielleicht zu verstehen, was damit gemeint ist, doch obwohl ihr das Konzept der Leerheit vielleicht sogar recht gut erklären könnt, ist dies *ji*, nicht *ri*. Leerheit wird durch gute Übung erfahren – nicht erfahren, sondern verwirklicht. Das *Sandokai* versucht klarzumachen, was Leerheit ist, was Sein ist, was Dunkelheit ist, was Klarheit ist, was die wahre Quelle der Lehre ist und wer die verschiedenen Wesen sind, die durch die wahre Quelle der Lehre unterstützt werden.

Ich habe mir von Gary Snyders Frau Masa ein Buch über *Sangaikyo*, eine kleine tantrische Schule in Japan, ausgeliehen. In jenem Buch heißt es, tausend Jahre nach dem Tod des Buddha könne man die Menschen in zwei Kategorien einordnen, in diejenige der Unschuldigen und in diejenige der Schamlosen.

Dies würde erklären, was wir hier tun und was die Menschen in Japan tun. Hier halten wir uns nicht an die buddhistischen Verhaltensregeln. Sowohl in Japan als auch in Amerika essen wir Fisch und töten Säugetiere. Streng genommen ist niemand von uns in der Lage, die Verhaltensregeln zu befolgen. Das ist nur zu wahr. Ihr Amerikaner seid unschuldig, da euch nicht klar ist, was ihr tatsächlich tut, wenn ihr gegen sie verstoßt. In Japan sind wir schamlos, weil wir sehr wohl wissen, was wir tun, und weil wir die Verhaltensregeln trotzdem nicht befolgen. Unschuldige Menschen mögen schamlos wirken, doch ist das keine echte Schamlosigkeit. Es erschien mir in diesem Zusammenhang äußerst interessant, wie die Menschen unserer Zeit in jenem Buch beschrieben werden.

Vielleicht fragt ihr euch nun: »Was ist die wahre Lehre des Buddha?« Wenn ihr sie nicht versteht, fragt ihr unablässig andere: »Worin besteht sie? Worin besteht sie? Was bedeutet sie?« Ihr sucht fieberhaft nach etwas, das ihr verstehen könnt. Doch das ist ein Fehler. Es ist einfach nicht die Art, wie wir existieren. Dogen Zenji sagt: »Es gibt keinen Vogel, der fliegt und die Grenzen des Himmels kennt. Es gibt keinen Fisch, der schwimmt und das Ende des Meeres kennt.« Wir existieren in einem grenzenlosen Universum. Die Zahl der fühlenden Wesen ist grenzenlos, und unsere Wünsche sind grenzenlos, doch ändert all dies nichts daran, dass wir uns weiter bemühen müssen, so, wie ein Fisch schwimmt und ein Vogel fliegt. Deshalb sagt Dogen Zenji: »Ein Vogel fliegt wie ein Vogel; ein Fisch schwimmt wie ein Fisch.« Das ist der Bodhisattva-Weg, und das ist auch die Art, wie wir uns unserer Übung widmen.

Wenn wir die Dinge so verstehen, sind wir nach Dogens Ansicht keine Menschen in *mappo,* der letzten Zeitspanne, und unsere Übung wird nicht durch irgendeinen zeitlichen oder räumlichen Rahmen gestört. Dogen sagte: »Buddha ist immer hier.« In einem gewissen Sinne existiert der Buddhismus immer noch, und wenn wir wirklich verstehen, was der Buddha gemeint hat, befinden wir uns in der Zeit des Buddha.

Der Eichelhäher
wird direkt in dein Herz fliegen

Die Sinne und ihre Objekte sind eng miteinander ver-
bunden und gleichzeitig voneinander unabhängig.
Doch trotz ihrer unendlichen Verbundenheit haben sie
alle ihren eigenen Ort.

Ich habe bereits erklärt, wie Menschen an *ji,* »Dingen«, haften. Das ist das, was Menschen normalerweise tun. Die Lehre des Buddha hingegen zielt darauf, über die »Dinge« – über die Vielzahl der Wesen, Ideen und materiellen Objekte – hinauszugelangen. Sprechen wir von Wahrheit, meinen wir damit meist etwas, das wir uns vorstellen können. Die Wahrheit, die wir uns vorstellen oder über die wir nachdenken können, ist *ji.* Gehen wir über die Welten des Subjektiven und des Objektiven hinaus, gelangen wir zum Verständnis der Einheit von allem, der Einheit von Subjektivem und Objektivem, der Einheit von Innen und Außen.

Wenn ihr beispielsweise in Zazen sitzt, denkt ihr über nichts nach und beobachtet auch nichts. Euer Blick ist ungefähr einen bis anderthalb Meter vor euch auf den Boden gerichtet, doch ihr beobachtet nichts. Auch wenn viele Gedanken auftauchen, folgen wir ihnen nicht – sie treten in unser Bewusstsein ein und verlassen es wieder, das ist alles. Wir gehen den einzelnen Gedanken nicht nach – wir geben ihnen keine Nahrung. Wenn sie kommen, kommen sie, und wenn sie wieder gehen, ist auch das in Ordnung. Das ist alles. Das ist Zazen. Üben wir auf diese Weise, umfasst unser Geist alles, auch ohne dass wir uns darum bemühen.

Wir kümmern uns nicht um Dinge, die außerhalb unserer Reichweite liegen, und wir hegen auch keinerlei Erwartungen bezüglich solcher Dinge. Alles, worüber wir in einem bestimmten Augenblick sprechen, befindet sich innerhalb unseres Geistes. Alles befindet sich in unserem Geist. Gewöhnlich jedoch meinen wir, dass es viele Dinge gebe. Es gibt dort draußen dies und das und jenes. Im Kosmos gibt es viele Sterne, aber im Augenblick können wir Menschen nur den Mond erreichen. Vielleicht werden wir in ein paar Jahren auch einige Planeten und irgendwann sogar ein anderes Sonnensystem besuchen. Im Buddhismus werden Geist und Sein als eins angesehen, nicht als voneinander verschieden. Das kosmische Sein ist grenzenlos, und so ist auch unser Geist grenzenlos: Er vermag jeden Ort zu erreichen. Da er auch die Sterne umfasst, ist er nicht nur unser Geist, sondern etwas, das weitaus größer ist als jenes Etwas, das wir für unseren Geist halten. So jedenfalls sehen wir es als Buddhisten. Unser Geist und die Dinge sind eins. Wenn ihr also denkt: »All das ist Geist«, so ist das richtig. Wenn ihr denkt: »Dort drüben ist ein anderes Wesen«, so ist auch das zutreffend. Doch wenn Buddhisten »dies« oder »das« oder »ich« sagen, dann umfasst dieses »ich« oder »dies« oder »das« alles. Man muss dabei auch auf den Ton achten, nicht nur auf die Worte.

Kürzlich habe ich erklärt, was Klang ist. Klang ist etwas anderes als Geräusch. Klang entsteht aus eurer Übung. Geräusch hat eher Objektcharakter; es ist etwas, das euch stört. Wenn ihr eine Trommel schlagt, ist der Klang, den ihr erzeugt, der Klang eurer eigenen subjektiven Übung, und es ist auch der Klang, der uns alle anspornt. Klang hat sowohl einen subjektiven als auch einen objektiven Charakter.

In Japan sprechen wir von *hibik* – von »etwas, das wie ein Echo hin- und hergeht«. Wenn ich etwas sage, erzeuge ich ein Echo Schall, der sich mehrmals bricht und der widerhallt. Das ist Klang. Buddhisten verstehen einen Klang als etwas, das in unserem Geist erzeugt wird. Ihr denkt wahrscheinlich: »Der Vogel singt dort drüben.« Doch wenn ich den Vogel höre, ist er schon »ich«. Tatsächlich höre ich nicht den Vogel. Der Vogel ist bereits hier in meinem Geist, und ich singe mit ihm. »Kraa, kraa, kraa.« Wenn ihr beim Lesen denkt: »Der Eichelhäher singt über meinem Zimmer, aber er hat keine besonders gute Stimme«, dann ist dieser Gedanke ein Geräusch. Stört der Eichelhäher euch hingegen nicht, so kommt er direkt in euer Herz, und ihr werdet selbst zum Eichelhäher, und der Eichelhäher liest dann und stört euch nicht beim Lesen. Wenn wir denken: »Der Eichelhäher, der da über meinem Zimmer ist, sollte dort nicht sein«, dann zeugt dieser Gedanke von einem recht primitiven Verständnis des Seins, das wir nur durch Intensivierung unserer Übung überwinden können.

Je mehr ihr Zazen übt, umso besser werdet ihr in der Lage sein, alles als einen Teil von euch selbst zu akzeptieren, was immer es sein mag. Das ist die Lehre des *jiji muge* aus der *Kegon*-Schule. *Jiji* bedeutet: »Sein ohne Begrenzung, ohne Störung«. Weil alle Dinge miteinander verbunden sind, kann man eigentlich nicht sagen: »Das ist ein Vogel, und das bin ich.« Im Grunde ist es nicht möglich, den Eichelhäher von mir zu trennen. Das ist *jiji muge*.

Nun kommen wir zu *e-go* und *fu-ego*. *E* bedeutet »sich unablässig drehen« oder »verbunden«. *Go* bedeutet »wechselseitig, einander«. *Fu* bedeutet »nicht«. Also bedeutet *fu-ego* »nicht *e-go*« oder »unabhängig«. Obgleich alle Dinge miteinander verbunden sind, kann jeder – jedes Wesen – der Chef sein. Jeder von uns kann Chef sein, weil wir so eng miteinander verbunden sind. Wenn ich beispielsweise »Mel« sage, ist Mel schon nicht mehr nur Mel. Er ist einer der Schüler des Zen-Zentrums. Das bedeutet, wenn ich mit Mel zusammentreffe, treffe ich mit dem Zen-Zentrum zusammen. Wenn ihr Mel seht, versteht ihr, was das Zen-Zentrum ist. Doch denkt ihr: »Oh, das ist doch nur Mel«, ist euer Verständnis unzureichend.

Ihr wisst dann nicht, wer Mel ist. Habt ihr ein gutes Verständnis der Dinge, versteht ihr durch sie die ganze Welt. Jeder von uns ist Chef der ganzen Welt. Und wenn ihr dieses Verständnis entwickelt habt, werdet ihr erkennen, dass die Dinge nicht nur miteinander verbunden, sondern gleichzeitig auch voneinander unabhängig sind.

Jeder von uns ist vollkommen und absolut unabhängig. Es gibt nichts, womit man dich vergleichen könnte. Du bist unverwechselbar du. Wir müssen die Dinge aus zwei Perspektiven verstehen: einerseits aus der Perspektive der Verbundenheit aller Dinge, andererseits aus der Perspektive unserer völligen Unabhängigkeit von allem. Wenn wir alles als wir selbst sehen, sind wir völlig unabhängig, weil es dann nichts mehr gibt, womit wir uns vergleichen könnten. Wenn es nur ein Ding gibt, wie soll man es dann mit etwas anderem vergleichen? Weil es nichts gibt, womit wir uns vergleichen könnten, ist dies die absolute »Unabhängigkeit«, *fu-ego* – »nicht verbunden«, völlig unabhängig.

Im Text heißt es: »**Die Sinne und ihre Objekte ...**« – *monmon issai no kyo*. Dies ist rhetorisch zu verstehen. *Monmon* bedeutet »Tore«. Die Tore sind unsere Augen, Nase, Ohren, Zunge und Tastempfindung. Die fünf Sinnesorgane sind Tore, und für jedes dieser Tore gibt es Sinnesobjekte. Sie »**sind eng miteinander verbunden und gleichzeitig voneinander unabhängig**«. Für die Augen gibt es etwas zu sehen, für die Ohren etwas zu hören, für die Nase etwas zu riechen, für die Zunge etwas zu schmecken und für das Tastempfinden etwas zu spüren. So entsprechen den fünf Sinnesorganen fünf Sinnesobjekte. Das ist buddhistischer gesunder Menschenverstand. Diese Aufzählung dient dazu, »alles« zu illustrieren. Alle diese Dinge sind miteinander verbunden und gleichzeitig unabhängig voneinander. Man könnte genauso gut sagen: »Blumen und Bäume, Vögel und Sterne, Flüsse und Berge«, doch stattdessen heißt es: »**Die Sinne und ihre Objekte**«.

Die verschiedenen Dinge, die wir sehen und hören, sind also miteinander verbunden, doch gleichzeitig ist jedes von ihnen auch völlig unabhängig und hat seinen eigenen Wert. Diesen »Wert« nennen wir *ri*. *Ri* ist das, was einem Phänomen einen Sinn gibt, etwas, das nicht bloße Theorie ist. Auch wenn ihr die Erleuchtung nicht erlangt, so sagen wir, seid ihr bereits erleuchtet. Diese Erleuchtung nennen wir *ri*. Die Tatsache, dass etwas hier existiert, beinhaltet, dass es einen Grund dafür gibt, dass es einen Sinn hat. *Was* für einen Sinn es hat, weiß ich nicht. Niemand weiß es. Alles muss seinen spezifischen Wert haben. Es ist sehr merkwürdig, dass auch nicht zwei Dinge gleich sind. Es gibt nichts, womit man euch vergleichen könnte; deshalb habt ihr euren eigenen Wert. Dieser Wert ist nichts Vergleichbares, und es ist auch kein Tauschwert, sondern mehr als das. Wenn ihr beim Zazen auf eurem Kissen sitzt, habt ihr euren eigenen Wert. Obgleich dieser Wert mit allem verbunden ist, ist er gleichzeitig auch ein absoluter Wert. Vielleicht ist es besser, nicht zu viel hierüber zu sagen.

Schauen wir uns nun den Ausdruck »**unendliche Verbundenheit**« einmal genauer an. Die Vögel kommen im Frühling aus dem Süden und kehren im Herbst wieder dorthin zurück, und auf diesen Reisen überqueren sie Berge, Flüsse und Meere. So sind die Dinge unendlich miteinander verbunden ... überall.

Die nächste Zeile lautet: »**... haben sie alle ihren eigenen Ort.**« Dies bedeutet: Obwohl der Vogel an einem Ort bleibt, beispielsweise an einem See, ist seine Heimat nicht nur der See, sondern auch die ganze übrige Welt. Das ist die Art, wie Vögel durch die Welt fliegen und in ihr leben.

Im Zen sagen wir manchmal: Jeder Mensch ist steil wie eine Felswand. Niemand kann an euch emporklettern. Ihr gleicht einem steil aufragenden Fels. Doch wenn ihr mich dies sagen hört, solltet ihr euch auch der anderen Seite bewusst sein:

dass ihr unendlich verbunden seid. Versteht ihr nur eine Seite der Wahrheit, hört ihr nicht, was ich sage. Versteht ihr Zen-Worte nicht, versteht ihr Zen nicht, und ihr seid dann keine Zen-Schüler. Zen-Worte unterscheiden sich von gewöhnlichen Worten. Wie zweischneidige Schwerter schneiden sie in beide Richtungen. Ihr mögt denken, dass ich nur nach vorn schneide, doch ich schneide auch rückwärts. Hütet euch vor meinem Stock! Versteht ihr? Manchmal schelte ich einen meiner Schüler: »Nein!« Dann denkt ein anderer Schüler: »Oh, er ist gescholten worden.« Tatsächlich war das aber gar nicht so. Weil ich denjenigen dort drüben nicht schelten kann, muss ich den schelten, der sich in meiner Nähe befindet. Doch die meisten denken dann: »Ach je, der arme Kerl ist gescholten worden.« Wer so denkt, ist kein Zen-Schüler. Wenn jemand anders gescholten wird, solltet ihr genau zuhören, damit ihr erkennt, wer tatsächlich gescholten wird. Das ist unsere Art, auf Schüler einzuwirken.

Als ich selbst noch ein sehr junger Schüler war, ging ich mit meinen Dharma-Brüdern und unserem Lehrer irgendwohin, und wir machten uns erst ziemlich spät auf den Rückweg. Nun gibt es in Japan viele Giftschlangen. Mein Lehrer sagte: »Ihr tragt Tabi [eine Art Slipper], und da ich keine Tabi trage, könnte mich eine Schlange beißen. Geht also vor.« Wir erklärten uns einverstanden und gingen vor ihm her. Als wir den Tempel erreicht hatten, sagte er zu uns: »Setzt euch alle hin.« Wir wussten nicht, was los war, setzten uns aber alle vor ihn hin. »Was für gedankenlose Kerle ihr doch seid!«, fing er an. »Warum tragt ihr Tabi, wenn ich keine trage? Ich habe euch gewarnt: ›Ich trage keine Tabi.‹ Das hättet ihr verstehen und eure Tabi ebenfalls ausziehen müssen. Stattdessen habt ihr sie angelassen und seid vor mir hergegangen. Was für dumme Jungen ihr doch seid!«

Wir sollten stets so aufmerksam sein, dass wir den Sinn hinter den Worten erkennen. Wir sollten uns bemühen, mehr zu verstehen als den vordergründigen Sinn einer Aussage.

Eines Abends, als ich in Eiheiji war, öffnete ich die rechte Seite der Shoji-Schiebetür, weil es üblich ist, diese Seite zu öffnen. Doch fuhr mich der älteste Mönch an: »Öffne diese Seite nicht!« Daraufhin öffnete ich am folgenden Morgen die linke Seite. Doch wurde ich wieder getadelt: »Warum hast du diese Seite geöffnet?« Ich wusste nicht, was ich tun sollte. Als ich am Vorabend die rechte Seite geöffnet hatte, war ich getadelt worden, und beim Öffnen der linken Seite an diesem Morgen ebenfalls. Ich konnte mir einfach nicht erklären, warum. Schließlich erinnerte ich mich dann, dass beim ersten Mal auf der rechten und beim zweiten Mal auf der linken Seite ein Gast gestanden hatte. Ich hatte also die Tür beide Male auf der Seite geöffnet, wo der Gast stand, und dadurch hatte er in der offenen Tür stehen müssen. *Deshalb* war ich gescholten worden. In Eiheiji hat man uns nie gesagt, warum, sondern uns einfach ohne jede Vorwarnung ausgescholten. Die Worte der dortigen Lehrer waren wie eine zweischneidige Klinge.

Die Worte aus dem *Sandokai*, über die wir gesprochen haben, sind ebenfalls zweischneidig. Ihre eine Seite ist die Verbundenheit *(e-go)*, die andere Seite die absolute Unabhängigkeit *(fit-ego)*. Die Verbundenheit ist unendlich und allgegenwärtig, und doch bleiben die Dinge an ihrem Ort (unabhängig). Das ist die wichtigste Aussage des *Sandokai*.

Fragen

SCHÜLER: Bedeutet *e-go:* »Der Vogel ist die ganze Welt«, und *fu-ego:* »Der Vogel ist nur ein Vogel«?

ROSHI: Ja, ein Vogel ist nur ein Vogel. Im *Prajnaparamita-Hridaya-Sutra (Herz-Sutra)* heißt es: »Form ist Leerheit, Leerheit ist Form.« – »Form ist Leerheit« ist *e-go.* Und »Leerheit ist Form« ist *fu-ego.* [Er klopft.] Das ist *fu-ego.* Man kann es nicht sprachlich ausdrücken, versteht ihr. Es ist schwer zu sagen, was es ist. [Er klopft wieder.]

SCHÜLER: Gibt es einen bestimmten Grund dafür, dass wir bei der Silbe *mon* im Ausdruck *monmon issai no kyo* die Glocke anschlagen?

ROSHI: Die Glocke anzuschlagen bedeutet, einen unabhängigen Buddha nach dem anderen hervorzubringen. Gong. Buddha. Ein unabhängiger Buddha erscheint. Gong. Der nächste unabhängige Buddha erscheint. Sobald der nächste Buddha erscheint, verschwindet der vorherige Buddha. So bringt ihr mit jedem Anschlagen des Gongs einen neuen Buddha hervor. Das ist unsere Übung.

SCHÜLER: Roshi, heute hat jemand gesagt: »Keine Schüler, kein Lehrer; kein Lehrer, keine Schüler.« Dann sagte jemand: »Was macht denn den Roshi aus?« Und jemand anders antwortete: »Dass er Schüler hat.« Roshi kann man nicht ohne Schüler sein. Und Schüler können ohne den Roshi keine Schüler sein. Beide sind unabhängig, weil sie zusammen sind.

Roshi: Ja, zusammen. Ohne Schüler kein Lehrer. Und der Schüler spornt den Lehrer an. Das ist tatsächlich so. Wenn ich keine Schüler hätte, würde ich vielleicht jeden Tag die Zeit vertrödeln. Da mich aber so viele Schüler beobachten, muss ich etwas tun; ich muss selbst studieren, um einen Vortrag halten zu können. Brauche ich keinen Vortrag zu halten, studiere ich nicht. Doch andererseits schäme ich mich sehr, wenn ich mir eingestehen muss, dass ich nur studiere, um den Vortrag halten zu können. Wenn ich versuche, mich auf einen Vortrag vorzubereiten, schweifen meine Gedanken leicht zu etwas ab, das mir interessanter erscheint, so dass ich während des größten Teils der Zeit gar nicht an dem Vortrag arbeite. So geht es immer weiter, und das ist gut so. Eines Tages wird das, womit ich mich beschäftigt habe, meinen Schülern zugute kommen. Ich weiß nicht, wann. Wir studieren einfach, um uns gut zu fühlen, und um uns noch besser zu fühlen, üben wir Zazen. Niemand weiß, was geschehen wird, nachdem wir uns ein, zwei oder zehn Jahre der Sitzmeditation gewidmet haben. Niemand weiß das, und es ist gut, dass niemand es weiß. Wir sitzen eigentlich nur, um uns gut zu fühlen. Irgendwann wird diese Art des absichtslosen Übens euch im wahrsten Sinne helfen.

Heute sind wir sehr glücklich – was morgen sein wird, wissen wir nicht

Dinge unterscheiden sich in Wesen und Form.
Im Geschmack, Klang und Gefühl manifestieren sich
gut und schlecht.
Im Dunkeln sind hochwertig und minderwertig nicht zu
unterscheiden.
Im Hellen wird der Gegensatz von rein und unrein deutlich.

Das *Sandokai* beschäftigt sich hier mit Form und Klang [»Form und Klang« ist eine Metapher für die Phänomene], Geschmack, Geruch und Geist. Es gibt gute und schlechte Geschmäcke, gute und schlechte Gefühle, angenehme und unangenehme Vorstellungen. Es ist unser Haften an ihnen, das Leiden kreiert. Wenn ihr etwas Gutes hört, genießt ihr es. Hört ihr etwas Schlechtes, so ist euch das unangenehm, oder es beeinträchtigt euch. Doch wenn ihr die Wirklichkeit völlig versteht, vermögen euch Phänomene nicht mehr zu beeinträchtigen. Im nächsten Satz des Gedichts wird erklärt, warum das so ist: »**Im Dunkeln sind hochwertig und minderwertig nicht zu unterscheiden.**« – *An wa jochu no koto ni kanai.*

Wir verstehen Dinge auf zwei Weisen. Eine dieser beiden Verstehensweisen besteht darin, die Dinge aus der Perspektive der Dunkelheit *(an)* zu sehen. Die andere Sichtweise betrachtet die Dinge aus der Perspektive von gut und schlecht *(shiki)*. Wir wissen, dass es an den Dingen selbst nichts an und für sich Gutes oder Schlechtes gibt. Wir selbst kreieren gut und schlecht, indem wir Dinge als gut oder schlecht bewerten.

Wenn uns dies klar ist, leiden wir weniger – »Ach so, *das* mache ich!« Die Dinge an sich sind weder gut noch schlecht. Dies gemeint, wenn es heißt, wir sollten uns bemühen, die Dinge in völliger Dunkelheit zu verstehen. Gelingt uns dies, so sind wir nicht in ein dualistisches Verständnis von gut oder schlecht verstrickt.

Sekito sagt: **»Im Dunkeln sind hochwertig und minderwertig nicht zu unterscheiden.«** In völliger Dunkelheit haben gute und schlechte Worte keinerlei beeinträchtigende Wirkung auf uns.

»Im Hellen wird der Gegensatz von rein und unrein deutlich.« Es gibt klare und unklare Worte. In der Helligkeit gibt es dualistische Worte, den Dualismus von rein und unrein. In der Helligkeit wird der dualistische Charakter von Worten deutlich. So ist das zu verstehen.

Auch wenn wir wütend auf jemanden sind, können wir ihn anerkennen. Ein Lehrer wird manchmal wütend auf einen Schüler, weil er ihn sehr gut kennt. Der Lehrer weiß, dass der Schüler sehr gut ist; doch manchmal ist der Schüler auch faul, und dann schlägt der Lehrer ihn. In anderen Situationen lobt und ermutigt der Lehrer den Schüler. Dies bedeutet aber nicht, dass er unterschiedliche Methoden anwendet oder unterschiedliche Perspektiven einnimmt. Die Einschätzung ist die gleiche, doch die Behandlung oder der Ausdruck sind unterschiedlich. Jemand, der generell zu einer negativen Sichtweise tendiert, der immer pessimistisch ist, sollte ermutigt werden. Hingegen muss der Lehrer Schüler, die zu gut oder zu klug sind, ständig schelten. So gehen wir mit Schülern um. Es ist nicht so, dass wir je nach Situation eine andere Perspektive einnehmen, doch gewöhnlich sind Menschen entweder besonders stark der hellen oder der dunklen Seite der Dinge verhaftet.

Wir sprechen vom positiven und vom negativen Weg. Der positive Weg besteht darin, Dinge als gut oder schlecht, schön oder hässlich anzusehen. Wenn ihr euch anstrengt, seid ihr gute Schüler. Die Bemühungen eines Schülers anzuerkennen ist die positive Methode. Die negative Methode ist, euch in jedem Fall dreißig Schläge zu geben, ganz gleich, was ihr sagt. Wenn wir die negative Methode anwenden, lassen wir nichts gelten. Die positive Methode und die negative Methode – manchmal die eine, manchmal die andere.

Kennt ihr dieses berühmte Koan? Ein Mönch fragt einen Meister: »Es ist so heiß. Wie kann man der Hitze entgehen?« Daraufhin antwortet der Meister: »Warum gehst du nicht an einen Ort, wo es weder kalt noch heiß ist?« Und der Schüler erwidert: »Gibt es einen Ort, wo es weder kalt noch heiß ist?« Darauf der Meister: »Wenn es kalt ist, solltest du ein kalter Buddha sein, und wenn es heiß ist, solltest du ein heißer Buddha sein.« Vielleicht glaubt ihr, wenn ihr Zazen übt, würdet ihr irgendwann einen Zustand erreichen, in dem euch weder kalt noch heiß ist, in dem es weder Glück noch Leiden gibt. Deshalb fragt ihr: »Können wir durch Zazen einen solchen Zustand erreichen?« Ein wirklicher Lehrer wird darauf antworten: »Wenn du leidest, solltest du leiden. Wenn du dich gut fühlst, solltest du dich gut fühlen.« Manchmal solltet ihr ein leidender Buddha sein, manchmal ein weinender Buddha, und manchmal solltet ihr ein sehr glücklicher Buddha sein.

Dieses Glücksgefühl entspricht nicht ganz dem Glück, das Menschen gewöhnlich empfinden. Da besteht ein kleiner, aber ungeheuer wichtiger Unterschied. Weil ein Buddha beide Seiten der Wirklichkeit kennt, hat er eine bestimmte Art von Gelassenheit entwickelt. Etwas Schlechtes beunruhigt ihn nicht, und etwas Gutes versetzt ihn nicht in Ekstase. Er empfindet wahre Freude, die ihn ständig begleitet. Die Grundstimmung seines Lebens ist immer gleich, und in ihr taucht hin und wieder eine fröhliche oder eine traurige Melodie auf.

Das ist das Gefühl, das vielleicht für einen Erleuchteten charakteristisch ist. Es bedeutet, wenn es heiß ist, solltet ihr euch völlig der Hitzeempfindung hingeben, und wenn ihr traurig seid, der Traurigkeit, ohne euch darum zu scheren, dass ihr nicht glücklich seid. Und wenn ihr glücklich seid, solltet ihr einfach das Glücklichsein genießen. Und das könnt ihr, weil ihr jederzeit auf alles vorbereitet seid.

Auch wenn sich plötzlich die Umstände verändern, macht uns das nichts aus. Heute sind wir sehr glücklich; was morgen sein wird, wissen wir nicht. Wenn wir bereit sind, dem, was morgen geschehen wird, offen entgegenzutreten, können wir das Heute voll und ganz genießen.

Übrigens lernt man dies nicht, indem man einen Vortrag studiert, sondern durch eigene Übung. Wir beschäftigen uns im Augenblick mit Sekitos Worten. Später, zu Tozans Zeit (Tozan gehört der vierten Generation nach Sekito an), hatten die Menschen ein großes Interesse daran, über die helle und die dunkle Seite und über den Mittleren Weg zu sprechen. Sie haben sehr viel Zeit auf diese Art von Spiel verwendet und darüber vergessen, wie man zu echter Freiheit von den Dingen gelangen kann.

Deshalb hat Dogen Zenji später Wortspielereien dieser Art zu vermeiden versucht. Ihm ging es in erster Linie darum, wie wir uns von allem Wortgeplänkel befreien und die Dinge Augenblick für Augenblick wertschätzen können. Ihn interessierte mehr ein Koan wie: »Wenn es kalt ist, solltest du ein kalter Buddha sein; und wenn es heiß ist, solltest du ein heißer Buddha sein.« Nichts weiter. Dogens Weg besteht darin, voll und ganz bei dem zu sein, was man tut, ohne über alle möglichen anderen Dinge nachzudenken. Und dies können wir nur durch die Übung, nicht jedoch durch Worte erreichen.

Worte können euch zu einem tieferen Verständnis verhelfen. Wenn ihr sehr stark im dualistischen Denken befangen seid, wenn ihr in Verwirrung verfallt, können Worte euch helfen. Doch manchmal entwickelt ihr ein zu starkes Interesse daran, über diese Dinge zu reden, und dann verliert ihr die Orientierung. Unser Interesse sollte sich in erster Linie auf Zazen konzentrieren, nicht auf Worte. Wir sollten wirklich Zazen üben.

Dogen Zenjis Weg beinhaltet, den Sinn in allem zu finden – in einem Reiskorn ebenso wie in einem Glas Wasser. Nun könntet ihr sagen, dass ein Glas Wasser oder ein Reiskorn etwas ist, das ihr im Hellen seht. Doch wenn ihr wirklich Respekt vor dem Reiskorn habt – und damit meine ich, wenn ihr das Reiskorn genauso respektiert wie den Buddha selbst –, werdet ihr erkennen, dass ein Reiskorn absolut ist. Sobald ihr völlig in die dualistische Welt eintaucht und in ihr lebt, erfahrt ihr die absolute Welt im wahrsten Sinne. Wenn ihr Zazen übt, ohne Erleuchtung oder irgendetwas anderes anzustreben, dann ist das wahre Erleuchtung.

Fragen

SCHÜLER: Wenn etwas geschieht, und ich empfinde dadurch Schmerz, spürt ein Teil von mir den Schmerz, und ein anderer Teil von mir versucht gleichzeitig zu verstehen, was geschehen ist. Ich weiß dann nicht, ob ich zu verstehen versuche, weil ich Angst habe, loszulassen und einfach den Schmerz zu empfinden, oder ob es mir darum geht, zu echtem Verstehen zu gelangen.

ROSHI: Das ist so, weil du in ein Problem verstrickt bist, das dich selbst betrifft. Solange du dich mit persönlichen Problemen abplagst, kann jedes Verstehen, das du entwickelst, immer nur ein Verstehen der hellen Seite sein. Du hast dann keine Chance, die andere, dunkle Seite, die Seite des Absoluten, zu erkennen. Wenn wir über dieses Thema sprechen, rede ich so, als wäre ich erleuchtet, und ihr hört zu, als wäret ihr erleuchtet – so, als wären wir alle Bodhisattvas und sprächen als Bodhisattvas über diese Art von Problemen. Doch wenn ihr bei einem solchen Gespräch kein anderes Ziel habt, als zu einem intellektuellen Verständnis eures Problems zu gelangen, habt ihr keine Chance, die andere Seite zu verstehen. Genau deshalb habt ihr ja das Problem. Folgt ihr wirklich dem Bodhisattva-Weg, ist es gleichgültig, auf welcher Seite ihr euch jeweils befindet. Kritisiert ihr euch, ist das okay; und tut ihr, was ihr tun wollt, ist auch das okay. Dies sind dann nicht zwei unterschiedliche Verhaltensweisen, sondern ihr tut je nach Situation immer etwas Gutes. Ihr habt nur deshalb kein Vertrauen in eure Aktivität oder in euer Leben, weil ihr in eurer Übung nur eure persönlichen Interessen verfolgt.

Das Boot ist immer in Bewegung

Die vier Elemente kehren zu ihrer Natur zurück
wie ein Kind zu seiner Mutter.
Feuer erhitzt,
Wind bewegt,
Wasser nässt,
Erde ist fest.

Nach den Lehren des Buddhismus sind die vier Elemente Feuer, Wasser, Wind und Erde. Obwohl es sicherlich keine perfekte Beschreibung ist, sagen wir, dass die vier Elemente jeweils ihre eigene Natur haben. Die Natur des Feuers ist es, zu reinigen. Wind lässt Dinge reifen. Ich weiß nicht warum, aber die Wind-Natur spornt die Dinge zur Reifung an. Die Aktivität der Luft ist organischer, die des Feuers eher chemischer Art. Die Natur des Wassers ist es, Dinge zu enthalten. Wo immer ihr hingeht, ist Wasser; Wasser enthält alles. Allerdings ist diese Aussage dem, was wir gewöhnlich über Wasser sagen, ziemlich genau entgegengesetzt, denn statt zu sagen, dass im Stamm eines Baumes Wasser enthalten ist, sagt die buddhistische Lehre, dass das Wasser den Stamm des Baumes ebenso wie auch die Blätter und Zweige enthält. Wasser wird also als ein großes Wesen angesehen, in dem alles, auch wir selbst, existiert. Die Natur der Erde ist Festigkeit. Mit »Erde« ist in diesem Fall nicht Land gemeint, sondern die Festigkeit von kleinsten Teilen von Materie.

Nach den buddhistischen Lehren werden die kleinsten vorstellbaren Teile eines Objekts *gokumi* genannt. Damit sind nicht die Atome gemeint, denn das Atom ist nicht der kleinste Teil. Wir sagen, dass dieses kleinste Teilchen, *gokumi,* die vier Elemente enthält.

Diese Ansicht ist derjenigen der modernen Physik gar nicht so unähnlich. Ich kann diese Ähnlichkeit allerdings nicht näher erläutern, da ich die entsprechenden Begriffe nicht kenne. In der modernen Physik wird die Auffassung vertreten, dass die kleinsten Teilchen weder ein Gewicht noch eine Größe haben, sondern nur elektrische Spannungszustände sind. Merkwürdigerweise hat der Buddhismus eine ganz ähnliche Vorstellung entwickelt. Obwohl *gokumi,* das kleinste Teilchen, die Natur der vier Elemente enthält, ist es keine feste Wesenheit. Wenn wir zu diesem Grundbaustein allen Seins gelangen, stellen wir fest, dass seine Natur Leerheit ist. Die vier Elemente existieren im materiellen Sinne nicht. Sie sind nur Energie oder Potential oder Bereitschaft. Das ist *gokumi.* Diesen vier Naturen fügen wir noch eine weitere hinzu: die der Leerheit. Erde, Luft, Feuer und Wasser sind also leer, völlig leer. Doch obgleich sie leer sind, treten aus dieser Leerheit ihre vier Naturen in Erscheinung. Und sobald sie sich manifestiert haben, ist der Grundbaustein aller Dinge, *gokumi,* entstanden. Dies ist eine buddhistische Sicht des Seins. Zunächst scheint es, als sprächen wir über etwas Materielles, doch sind diese Elemente sowohl materiell als auch spirituell, und auch das Denken ist ihnen zuzurechnen. Dementsprechend bezieht sich Leerheit auf das Materielle und das Spirituelle, Geist und Objekt, subjektive Welt und objektive Welt. Leerheit ist das allem Zugrundeliegende, das unser Denken nicht zu erfassen vermag.

Die vier Elemente kehren schließlich zu ihrer eigenen Natur zurück – zur Leerheit – »**wie ein Kind zu seiner Mutter**«. Ohne die Mutter gibt es kein Kind. Dass das Kind da ist, bedeutet, dass auch die Mutter existiert. Dass die vier Naturen [der Elemente] da sind, bedeutet, dass die Leerheit da ist. Die vier Naturen sind da, wenn auch nur als eine zeitweilige Ausbildung der Leerheit.

In diesen vier Zeilen geht es letztendlich um die Unabhängigkeit der Phänomene. Obwohl es viele Elemente gibt, kehren sie alle zu ihrer ursprünglichen Natur zurück. Obwohl es viele (verschiedene) Dinge gibt, ist jedes von ihnen unabhängig. Auch ein Kind ist unabhängig, obgleich es eine Mutter hat. Feuer ist in seiner Hitze-Natur unabhängig; Wind ist in seiner Bewegungs-Natur unabhängig; Wasser ist in seiner Feuchtigkeits-Natur unabhängig; und Erde ist in ihrer Festigkeits-Natur unabhängig. Jedes Ding ist unabhängig.

Im *Sandokai* erklärt Sekito die Wirklichkeit auf zwei Weisen:

> *Die vier Elemente kehren zu ihrer Natur zurück*
> *wie ein Kind zu seiner Mutter.*
> *Feuer erhitzt,*
> *Wind bewegt,*
> *Wasser nässt,*
> *Erde ist fest.*

In diesen Zeilen geht es um die Wahrheit der »Unabhängigkeit«. Obwohl es viele Elemente gibt, kehren sie alle zu ihrer ursprünglichen Natur zurück. Und obwohl ein Kind seinen eigenen Ursprung, seine eigene Mutter, hat, ist es unabhängig. So ist Feuer in seiner Hitze-Natur unabhängig, Wind in seiner Bewegungs-Natur, Wasser in seiner Feuchtigkeits-Natur und Erde in ihrer Festigkeits-Natur. Alles ist in der Weise unabhängig, wie die vier Elemente unabhängig sind.

Ich möchte nun die nächsten Zeilen des *Sandokai* vorlesen, denn das wird euch helfen, das, womit wir uns soeben beschäftigt haben, besser zu verstehen.

> *Für die Augen gibt es Farbe und Form.*
> *Für die Ohren gibt es Klang.*
> *Für die Nase gibt es Geruch.*
> *Für die Zunge gibt es Geschmack.*

Jedes Phänomen entspringt der Wurzel,
so wie Zweige und Blätter aus dem Stamm sprießen.
Wurzel und Baumspitze kehren zu ihrer ursprünglichen
Natur zurück.
Hohe und niedrige Worte sind unterschiedlich.

Diese Zeilen bringen den Sinn des Begriffs »Unabhängig-keit« [»independency«]* zum Ausdruck. Dinge existieren auf zwei Weisen, einerseits unabhängig und andererseits abhängig oder miteinander verbunden. Jeder von euch ist unabhängig, aber ihr seid gleichzeitig auch miteinander verbunden. Ihr seid trotz eurer Verbundenheit auch unabhängig. Ihr könnt es so oder so formulieren. Versteht ihr? Sprechen wir normalerweise von Unabhängigkeit, beziehen wir Abhängigkeit nicht mit ein. Doch das entspricht nicht dem buddhistischen Verständnis der Realität. Wir bemühen uns stets um ein vollständiges Verständnis der Dinge, damit wir nicht in Verwirrung geraten. Wir sollten uns durch die Begriffe »Abhängigkeit« und »Unabhängigkeit« [»independency«] nicht verwirren lassen. Wenn jemand sagt: »Alles ist unabhängig«, antworten wir: »Da hast du recht.« Und wenn jemand sagt: »Alle Dinge sind miteinander verbunden«, bestätigen wir auch das. Wir verstehen beide Seiten. Was immer gesagt wird, akzeptieren wir. Versteift sich jedoch jemand *ausschließlich* auf die Vorstellung der Unabhängigkeit [»independency«], so sagen wir zu ihm: »Nein, da liegst du falsch.« Es gibt viele Koans, die diese Haltung zum Ausdruck bringen – zum Beispiel: »Wenn das allerletzte karmische Feuer alles verbrannt hat, existiert dann die Buddha-Natur noch?« So lautet die Frage. Der Lehrer antwortet darauf manchmal: »Ja, sie existiert weiterhin«, und ein anderes Mal sagt er: »Nein, sie existiert nicht mehr.«

---

* Suzuki Roshi unterscheidet hier zwischen „independency" und „independence", eine Differenzierung, die uns im Deutschen so nicht möglich erscheint. (Anm. d. Übers.)

Beides ist wahr. Daraufhin könnte ihn jemand fragen: »Aber warum hast du dann vorher gesagt, sie existiere weiterhin?« Als Antwort würde die betreffende Person einen gewaltigen Hieb erhalten. »Was redest du da! Verstehst du nicht, was ich meine? Dass die Buddha-Natur dann nicht mehr existiert, ist zutreffend, und dass sie weiterhin existiert, ist ebenfalls zutreffend.«

Aus der Perspektive der Unabhängigkeit [»independency«] hat alles, was existiert, Buddha-Natur, ganz gleich, was mit dieser Welt geschehen mag. Doch andererseits existiert nichts, wenn wir die Dinge aus der Perspektive der »völligen Dunkelheit« oder des »Absoluten« betrachten. Was existiert, ist »Nichtheit« oder Dunkelheit, in der die vielen Dinge als eins weilen. Würde man hingegen jedes Ding einzeln erklären, so wäre dies nichts weiter als eine intellektuelle Beschreibung. Wir müssen jedoch auch ein echtes Empfinden entwickeln.

Wenn ihr die einzelnen Dinge einfach schätzen könnt, so wie sie sind, habt ihr reine Dankbarkeit entwickelt. Obwohl ihr nur eine einzelne Blume beobachtet, schließt diese Blume alles in sich ein. Sie ist nicht nur eine Blume. Sie ist das Absolute, sie ist der Buddha selbst. Das ist unsere Sichtweise. Gleichzeitig ist das, was existiert, nur eine Blume, und es gibt niemanden, der sie sieht, und es gibt nichts, was zu sehen ist. Das ist das Gefühl, das wir in unserer Übung und in unseren alltäglichen Aktivitäten haben. Wo auch immer ihr arbeitet, wird euch dieses Gefühl reiner Dankbarkeit unablässig begleiten.

Wenn wir über etwas auf dualistische Weise nachdenken, beobachten und verstehen wir das betreffende Phänomen intellektuell. Aber auch dabei ist es wichtig, dass wir nicht an unseren Vorstellungen haften, denn unser Verstehen sollte Tag für Tag durch unser reines Denken erweitert werden. Wir sagen: »Man kann an der gleichen Stelle eines Flusses keinen zweiten Fisch fangen.« Wenn du heute Glück gehabt und an einer bestimmten Stelle einen großen Fisch gefangen hast, solltest du morgen an einer anderen Stelle fischen. Es gibt bei uns auch die Redensart »eine Kerbe in ein Boot schnitzen, um den eigenen Standort zu markieren«. Obwohl das Boot sich bewegt, schnitzt du eine Kerbe hinein, um dir den Ort zu merken, an dem du dich gerade befindest: »Da war etwas Wunderschönes. Wir sollten es uns merken.« Da das Boot ständig in Bewegung ist, ist eine solche Markierung unsinnig. Genau so verhalten wir uns aber.

Dieses Beispiel veranschaulicht sehr treffend die Natur des Denkens. Es demonstriert unsere Einfalt und verdeutlicht gleichzeitig, wie der Buddhismus das Leben versteht. Wenn wir uns heute mit unserem Gewehr auf denselben Baumstumpf wie gestern setzen und dort darauf warten, dass ein Kaninchen an dieser Stelle vorüberhoppelt, so ist das unsinnig. Wir sollten stattdessen schätzen und genießen, was wir in diesem Augenblick sehen. »Oh, was für eine wunderschöne Blume!« Wir sollten schätzen und genießen, was wir erleben, aber nicht den Fehler machen, eine Kerbe in unser Boot zu schnitzen. Und wir sollten uns auch nicht ein zweites Mal an einen bestimmten Ort stellen in der Erwartung, dass wir wieder eine wunderschöne Blume entdecken werden. Vielleicht taucht tatsächlich manchmal zu dieser Tageszeit eine solche Blume auf, jedoch an anderen Tagen nicht. Ich selbst habe Erfahrungen dieser Art gemacht. Ich saß dann geduldig da und wartete darauf, dass sie kam. – Wenn sie kommt, haben wir Glück. Wenn nicht, sollten wir uns nicht beklagen.

FRAGEN

SCHÜLER: Letzte Woche haben Sie gesagt, wenn wir unsere Nähe zu anderen Dingen, unsere Abhängigkeit von ihnen verstünden, seien wir unabhängig. Sind wir auch dann unabhängig, wenn wir dies nicht verstehen?

ROSHI: Ja, tatsächlich sind wir es, aber der entscheidende Punkt ist, dass ihr es nicht so versteht, weil ihr es nicht in dieser Weise empfindet. Doch selbst wenn ihr euch anderen nicht eng verbunden fühlt, werdet ihr wohl keine allzu großen Fehler machen, sofern ihr euch diese Tatsache wenigstens intellektuell vergegenwärtigt. Zumindest fixiert ihr euch dann nicht ausschließlich auf die eine Seite, und ihr seid weniger arrogant.

Ich muss in diesem Zusammenhang auf etwas sehr Wichtiges hinweisen. Wenn wir über diese Dinge sprechen, dann tue ich dies aus einer Perspektive, als wäre ich völlig erleuchtet. Alles, was ich hier sage, ist für einen Erleuchteten sehr wahr, doch für Menschen, die nicht erleuchtet sind, ist es nur Gerede. Wenn wir uns in unserer Übung an diesem Verständnis orientieren, dann ist das wahrer Buddhismus. Unsere Übung sollte keinen rein intellektuellen Charakter haben. Doch selbst wenn ihr sehr intensiv übt, bleibt eure Übung ohne diese Art von Verständnis noch an die Vorstellung der »Etwas-heit« gebunden und ist deshalb nicht sonderlich sinnvoll.

SCHÜLER: Sie haben gesagt, dies alles sei für einen Erleuchteten sehr wahr. Und für einen Nicht-Erleuchteten ist es nur Gerede?

Roshi: Was fehlt? Die Übung fehlt. Nur wenn ihr sehr intensiv Zazen übt, ist dies wahr. Doch selbst wenn ihr sehr intensiv übt, ist eure Praxis nicht immer vollkommen. Es kann eine große Kluft zwischen der Wahrheit und eurem Verständnis oder eurer tatsächlichen Erfahrung bestehen. Auch wenn euer intellektuelles Verständnis sehr ausgeprägt ist, kann eure Übung unzureichend sein Ein rein intellektuelles Verständnis zu entwickeln ist leicht, doch die Übung gut zu entwickeln ist sehr schwierig, weil wir uns emotional so leicht auf etwas fixieren. Das intellektuelle Verständnis von etwas zu zerstören ist leicht, und auch ein Verständnis der Nichtheit zu entwickeln ist leicht; doch es heißt, dass es ebenso schwer ist, emotionale Probleme zu bewältigen, wie einen Lotos in zwei Teile zu spalten, denn diese Pflanze hat unglaublich lange Wurzeln, die sich nur sehr mühsam entfernen lassen. Sie sind ungeheuer hartnäckig und lassen sich nicht völlig beseitigen. Mit intellektuellen Problemen fertig zu werden ist dagegen so leicht, wie einen Stein in zwei Teile zu zerbrechen. Dabei bleibt nichts zurück.

Schüler: Wenn ich Zeuge einer Situation bin, in der ich den Eindruck habe, als ob eine der beteiligten Personen die andere verletze, macht mich das wütend. Rege ich mich auf, weil ich die Situation nicht so sehe, wie sie tatsächlich ist? Wäre ich *nicht* aufgebracht, wenn ich sie so sehen würde, wie sie tatsächlich ist?

Roshi: Es ist schwer herauszufinden, ob man einem anderen Menschen mit einer bestimmten Reaktion wirklich hilft oder nicht. Wenn die Hilfe nicht adäquat ist, bist du aufgebracht. Zumindest bist du dann bekümmert. Doch es kann sein, dass du selbst dann aufgebracht oder wütend bist, wenn der Betreffende sich einem Mitmenschen gegenüber adäquat verhält. Auch das kommt vor. Und wenn jemand deiner Freundin auf adäquate Weise hilft, regst du dich sowieso darüber auf. So etwas passiert ziemlich oft.

SCHÜLER: Roshi, meine Frage ist umfassender gemeint. Wenn ein Mensch die Dinge wirklich klar sieht, gibt es dann für ihn keine Situation, die ihn in einen emotional aufgebrachten Zustand versetzen könnte?

ROSHI: Emotional? Ja, das glaube ich. Aber das Geschehen würde ihn sicher anrühren. Zwischen beidem besteht ein großer Unterschied. Vielleicht ist der Buddha sehr leicht aufgebracht, weil vieles ihn zutiefst anrührt. Doch hat seine Aufgebrachtheit nichts mit Anhaftung zu tun. Manchmal wird er sehr wütend. Wut ist okay, wenn es die Wut eines Buddha ist. Aber diese Wut ist anders als diejenige, die wir gewöhnlich haben. Wenn Buddha in Situationen, in denen er eigentlich aufgebracht sein sollte, *nicht* aufgebracht ist, dann ist auch das ein Verstoß gegen die buddhistischen Verhaltensregeln. Wenn er wütend sein muss, muss er wütend sein. Das ist die im Mahayana übliche Art, die Verhaltensregeln einzuhalten. Wir sagen: »Manchmal ist Wut wie ein Sonnenuntergang.« Obwohl es wie Wut aussieht, ist es tatsächlich ein wundervoller roter Sonnenuntergang. Der entscheidende Unterschied ist: Wenn Wut dem reinen Geist entspringt, einer lotosgleichen Reinheit, dann ist sie gut.

SCHÜLER: Roshi, ich habe den Eindruck, dass unsere Emotionen von unserem intellektuellen Verständnis unabhängig sind und ein Eigenleben führen, das nichts mit dem zu tun hat, was wir wissen oder verstehen. Welchen Ursprung haben die Emotionen in unserem Körper oder unserem Geist? Woher stammen sie?

Roshi: Meist sind sie physischen Ursprungs. Vielleicht handelt es sich dabei um einen physiologischen Vorgang. Und das Denken, das diese physischen Faktoren ignoriert, gleicht eher einem universellen Fluss. Wenn wir denken, entspricht unser Denken eher diesem universellen Fluss. Wir ignorieren dabei die diversen spezifischen Bedingungen, weil wir andernfalls nicht denken könnten.

Würden wir nämlich sämtliche spezifischen Bedingungen einbeziehen – es können fünf, zehn, zwanzig, hundert oder noch mehr sein –, könnten wir nicht denken. Entscheidend für das Denken ist, dass es die spezifischen Bedingungen ignoriert und seinem eigenen Weg folgt. Das Resultat unseres Denkens entspricht dann natürlich nicht allen Einzelsituationen, mit denen wir konfrontiert werden. Männer tendieren oft dazu, sich einfach am Resultat ihres Denkens zu orientieren und alles andere zu ignorieren. Was tatsächlich geschieht, spielt für sie keine Rolle. »Was redet ihr da? Wir sollten *dies* tun!« Frauen hingegen berücksichtigen eher verschiedenartige Umstände. Sie beobachten sie sorgfältig und überlegen dann, was in jedem Einzelfall zu tun ist. Unsere eigentliche Übung hat einen sehr physischen Charakter: Wir sitzen einfach auf dem schwarzen Kissen. Es besteht durchaus eine Ähnlichkeit zwischen Denken und emotionaler Übung. Wenn wir Zazen üben, verstricken wir uns sowohl emotional als auch intellektuell weniger stark in die Dinge; deshalb fällt es uns leichter, sie so zu sehen, wie sie tatsächlich sind.

Schüler: Es fällt mir schwer, dem Vortrag zu folgen. Als ich das *Sandokai* nur rezitierte, ohne zu wissen, was es bedeutet, konnte ich mich ausschließlich auf meine Atmung und auf meine Stimme konzentrieren, die beide aus meinem *hara* kamen. Doch jetzt, wo ich anfange, darüber nachzudenken, was Zen beinhaltet, verliere ich den Kontakt zu meiner Aktivität. Ich weiß, dass das so ist, weil ich mich auf Worte fixiere und auf die Vorstellung, dass es eine dunkle Seite gibt, *ri,* die zur *ji*-Seite wird. Wenn ich jetzt das *Sandokai* rezitiere, ist die intellektuelle, die helle Seite stark, und das Rezitieren macht mir keine Freude. Vielleicht könnten Sie mir einen Rat geben, wie sich diese Art von Schwierigkeit vermeiden lässt.

ROSHI: Sie lässt sich nicht vermeiden. Deshalb spreche ich zu euch. Ihr müsst euer Verstehen verfeinern.

SCHÜLER: Meine Frage lautet, ob wir ein subjektives Verstehen unserer Übung entwickeln können, ohne zuvor eine Art objektives oder rechtes Verstehen entwickelt zu haben? Oder müssen beide im gleichen Maße vorhanden sein? Können wir den Weg des Buddha üben, ohne den Weg des Buddha intellektuell zu verstehen?

ROSHI: Wenn dir das gelänge, könntest du dich sehr glücklich schätzen. Leider ist es uns jedoch nicht möglich, ohne intellektuelles Verstehen zu üben.

SCHÜLER: Wenn wir in korrekter Haltung in Zazen sitzen und unserem Atem folgen, müssen wir uns dann diese Vorstellungen über den Buddhismus oder über die vier Elemente vergegenwärtigen?

ROSHI: Nein, beim Zazen sollten wir sie vergessen.

SCHÜLER: Müssen wir die Lehren des Buddhismus verstehen, um üben zu können?

ROSHI: Das müsst ihr, denn ihr neigt dazu, Dinge in einer bestimmten Weise zu betrachten. Wir müssen unser Verstehen in jedem Fall kultivieren, um nicht in intellektuelle Verwirrung zu geraten. Das halte ich für wichtig.

Ohne jede Vorstellung über Erreichen ... einfach zu sitzen ist unser Weg

Für die Augen gibt es Farbe und Form.
Für die Ohren gibt es Klang.
Für die Nase gibt es Geruch.
Für die Zunge gibt es Geschmack.
Jedes Phänomen entspringt der Wurzel,
so wie Zweige und Blätter aus dem Stamm sprießen.
Wurzel und Baumspitze kehren zu ihrer ursprünglichen
Natur zurück.
Hohe und niedrige Worte sind unterschiedlich.

Über die Bedeutung der Unabhängigkeit [»independency«] aller Dinge habe ich bereits gesprochen und erläutert, dass die Dinge zwar miteinander verbunden sind, gleichzeitig aber auch jedes Ding unabhängig ist. Wenn jedes einzelne Phänomen die ganze Welt enthält, ist jedes unabhängig.

Sekito hat sich im *Sandokai* mit der Natur der Wirklichkeit zu einer Zeit auseinandergesetzt, als die meisten Menschen diesen Aspekt völlig vergessen hatten und darüber stritten, welche Schule des Zen richtig oder falsch sei. Deshalb schrieb Sekito Zenji dieses Gedicht. Er spricht darin über die Wirklichkeit aus der Perspektive der Unabhängigkeit [»independency«]. Die Südliche Schule ist unabhängig, und die Nördliche Schule ist unabhängig, und es gibt keinen Grund, beide miteinander zu vergleichen (um festzustellen, welche von beiden im Recht ist). Beide Schulen bringen jeweils auf ihre Weise die gesamte buddhistische Lehre zum Ausdruck, so wie auch die Rinzai- und die Soto-Schule ihren jeweiligen Ansatz entwickelt haben. Das versucht Sekito zu verdeutlichen. Er geht gar nicht so sehr auf den Disput zwischen der Nördlichen und der Südlichen Schule ein, sondern beschäftigt sich mit der Natur der Wirklichkeit und damit, was die Lehre des Buddha tatsächlich beinhaltet.

Ich möchte nun die Zeilen erklären, die die Wirklichkeit aus der Perspektive der Unabhängigkeit [»independency«] beschreiben:

Für die Augen gibt es Farbe und Form.
Für die Ohren gibt es Klang.
Für die Nase gibt es Geruch.
Für die Zunge gibt es Geschmack.

Man könnte meinen, dass Sekito im dualistischen Sinne über die Abhängigkeit der Augen von ihrem Objekt spricht. Doch wenn ihr etwas seht, wenn ihr es im wahrsten Sinne seht, dann ist da nichts, was gesehen werden kann, und es gibt niemanden, der es sehen könnte. Nur wenn ihr die analytische Perspektive einnehmt, ist da jemand, der etwas sieht, und etwas, das gesehen wird. Es handelt sich um ein und dieselbe Aktivität und zwei unterschiedliche Sichtweisen derselben. Ich sehe etwas. Doch wenn ich etwas wirklich sehe, dann ist da niemand, der es sieht, und nichts, was gesehen werden könnte. Beide Sichtweisen sind zutreffend, und Sekito spricht hier über das Einssein von Auge und Form. Das ist die buddhistische Art, die Dinge zu betrachten. Wir verstehen Dinge auf dualistische Weise, vergessen dabei aber nicht, dass unser Verständnis dualistisch ist. Ich sehe. Oder jemand oder etwas wird von jemandem gesehen. Dies sind Interpretationen von

Subjekt und Objekt, die unser Denken hervorbringt. Subjekt und Objekt sind eins und gleichzeitig auch zwei. Sekito sagt also, dass es für die Augen Form gibt. Doch gleichzeitig gibt es keine Form und keine Augen. Wenn ihr »Augen« sagt, schließen die Augen die Form ein. Und wenn ihr »Form« sagt, schließt die Form die Augen ein. Wenn es keine Form und nichts zu sehen gibt sind die Augen keine Augen mehr. Weil etwas zu sehen da ist, werden Augen zu Augen. Das Gleiche gilt für die Ohren, die Nase und die Zunge. Dogen Zenji sagt: »Wenn es keinen Fluss gibt, gibt es auch kein Boot.« Selbst wenn ein Boot vorhanden ist, ist es kein Boot. Nur wenn es einen Fluss gibt, wird ein Boot zum Boot. Gewöhnlich entwickeln Menschen Anhaftung gegenüber der Objektwelt oder gegenüber etwas, das sie sehen, weil sie die Dinge nur auf eine Weise verstehen. Sie meinen, irgend etwas existiere unabhängig von uns. Das ist das übliche Verständnis. »Hier ist etwas sehr Süßes zum Essen.« Doch Kuchen wird zu Kuchen, weil wir ihn essen wollen. Also kreieren wir einen Kuchen. Ohne uns gäbe es keinen Kuchen. Wenn wir die Dinge auf diese Weise verstehen, sehen wir Kuchen und sehen ihn gleichzeitig nicht. Dies steht in Einklang mit den Verhaltensregeln.

Vielleicht tötet ihr ein Säugetier oder ein Insekt. Doch denkt ihr: »Es gibt hier so viele Ohrwürmer, und das sind schädliche Insekten; deshalb muss ich diesen hier töten«, dann ist euer Verständnis ausschließlich dualistisch. Tatsächlich sind Ohrwürmer und Menschen eins. Sie sind nicht verschieden. Es ist unmöglich, einen Ohrwurm zu töten. Auch wenn wir meinen, wir hätten ihn getötet, haben wir es nicht getan. Auch wenn ihr den Ohrwurm zerquetscht, lebt er noch. Jene zeitweilige Form von Ohrwurm mag verschwinden, doch solange die ganze Welt einschließlich unserer selbst existiert, können wir keinen Ohrwurm töten. Wenn wir dies verstehen, sind wir in der Lage, den Verhaltensregeln völlig zu folgen.

Dennoch sollten wir kein Wesen grundlos töten, und wir sollten uns auch keine plausible Begründung dafür ausdenken, weshalb es in einer bestimmten Situation gerechtfertigt sei, ein Wesen zu töten. »Ohrwürmer fressen das Gemüse auf, deshalb muss ich sie töten.« – »Gegen das Töten von Tieren ist nichts einzuwenden, deshalb töte ich Ohrwürmer.« Es entspricht nicht unserem Weg, ein Tier zu töten und unser Handeln durch irgendwelche Begründungen zu rechtfertigen. Wenn ihr ein Tier tötet, fühlt ihr euch nicht besonders gut. Auch dies ist in unsere Sichtweise eingeschlossen: »Obwohl ich mich nicht so gut dabei fühle, muss ich töten; obwohl es nicht möglich ist, könnte ich einmal versuchsweise ein Tier töten.« Das ist die Art und Weise, wie in der großen Welt Dinge geschehen.

Wenn wir an irgendeiner Vorstellung über Töten oder Nicht-Töten festhalten oder an irgendeinem Grund dafür, weshalb wir töten oder nicht töten, so ist das nicht die adäquate Art, die Verhaltensregeln zu beachten. Wir können die Verhaltensregeln nur einhalten, wenn wir ein umfassendes Verständnis der Realität entwickelt haben. Auf diese Weise töten wir nicht. Versteht ihr das? So wie ihr meinen Vortrag versteht, wie ihr Zazen übt, tötet ihr nicht. Mit anderen Worten: Ihr solltet nicht ausschließlich in der Welt der Dualität leben. Ihr könnt unsere Welt auf zwei Weisen betrachten: aus der dualistischen und aus der absoluten Perspektive. »Es ist nicht gut zu töten« (dualistische Perspektive) und »Obwohl du meinst, du habest getötet, hast du nicht getötet« (absolute Perspektive). Wenn du gegen die Verhaltensregeln verstoßen hast, dir die vollendete Tat jedoch sehr leid tut und du zu dem Ohrwurm sagst: »Es tut mir leid«, so ist dies der Weg des Buddha. Auf diese Weise können wir uns unablässig der Übung widmen. Vielleicht meint ihr, ihr müsstet die Verhaltensregeln buchstäblich einhalten, weil ihr sonst keine echten Buddhisten wäret. Doch wenn ihr euch gut fühlt, nur weil ihr irgendein

Verhalten einhaltet, dann ist auch das nicht der Weg. Wenn es uns leidtut, das wir ein Tier getötet haben, erfüllen wir auch damit die Verhaltensregeln. Jeder Mensch tut solche Dinge. Doch *wie* wir sie tun und welches Gefühl wir dabei haben, ist nicht in jedem Fall gleich. Der eine Mensch hat noch nie etwas von den buddhistischen Verhaltensregeln oder von einer spezifischen Praxis gehört. Der andere versucht, durch irgendeine religiöse Aktivität oder durch Einhalten bestimmter Verhaltensregeln zu erreichen, dass er sich gut fühlt. Doch auch das ist nicht der Weg des Buddha.

Der Weg des Buddha ist, in einem Wort ausgedrückt: *jihi*. *Jihi* bedeutet, Menschen zu ermutigen, wenn sie ein positives Gefühl haben, und ihnen zu helfen, sich von ihrem Leiden zu befreien. Das ist wahre Liebe. Wir widmen uns nicht unserer Übung, um etwas zu geben oder zu empfangen oder Verhaltensregeln einzuhalten oder etwas zu erreichen. Wir üben, indem wir dem natürlichen Fluss der Dinge folgen. Wir beherzigen die Verhaltensregeln, indem wir bei den Menschen sind und mit ihnen leiden, indem wir ihnen helfen, ihr Leiden zu verringern, und indem wir sie dazu ermutigen, in ihren Bemühungen nicht nachzulassen. Wir sehen etwas, und doch sehen wir nichts. Wir spüren stets die Einheit der Subjekt- und Objektwelt, die Einheit von Auge und Form, die Einheit von Zunge und Geschmack. Deshalb brauchen wir an nichts speziell zu haften, und wir brauchen uns wegen unserer buddhistischen Übung auch nicht besonders gut zu fühlen. Wenn wir auf diese Weise üben, sind wir unabhängig. Darüber spricht Sekito.

»Jedes Phänomen entspringt der Wurzel.« Augen, Nase, Zunge, Ohren, Sehen, Riechen, Schmecken und Hören sind allesamt Dharmas, und jedes Phänomen oder jedes Dharma ist im Absoluten, in der Buddha-Natur, verwurzelt, **»... so wie Zweige und Blätter aus dem Stamm sprießen«.** Betrachten wir die Vielfalt der Dinge, sollten wir über ihre Erscheinungsform hinausschauen und uns vergegenwärtigen, wie jedes Ding existiert. Wir existieren aufgrund der Wurzel – aufgrund der absoluten Buddha-Natur. Wenn wir die Dinge auf diese Weise verstehen, haben wir die Einheit erreicht. **»Wurzel und Baumspitze kehren zu ihrer ursprünglichen Natur zurück.«**

Die Worte, die wir benutzen, sind unterschiedlich – gute Worte, schlechte Worte, respektvolle Worte, gemeine Worte –, doch durch diese Worte sollten wir das absolute Sein oder »die Quelle der Lehre verstehen«. Das wird hier zum Ausdruck gebracht.

Im *Brommokyo*, einem wichtigen Buch über die Verhaltensregeln, heißt es: »Sehen ist Nicht-Sehen, und Nicht-Sehen ist Sehen.« Fleischessen ist Nicht-Fleischessen, und Nicht-Fleischessen ist Fleischessen. Doch ihr versteht die Verhaltensregeln meist nur einseitig. Ihr versucht sie einzuhalten, indem ihr kein Fleisch esst. Doch Nicht-Fleischessen ist Fleischessen. Tatsächlich *esst* ihr Fleisch. Versteht ihr das? So gehen wir mit den Verhaltensregeln um. »Tut nichts Unkeusches.« Eine Frau sehen heißt keine Frau sehen. Keine Frau sehen heißt eine Frau sehen.

Zwei Mönche kamen einmal auf einer gemeinsamen Reise an einen großen Fluss, über den keine Brücke führte. Während die beiden am Ufer standen, tauchte eine wunderschöne Frau auf. Der eine der beiden trug sie auf seinem Rücken über den Fluss. Als sie nach dem Überqueren des Flusses schon wieder ein ganzes Stück gegangen waren, fuhr der zweite Mönch den ersten plötzlich wütend an: »Du bist doch ein Mönch! Du hast gegen die Regel verstoßen, dass wir keine Frau berühren dürfen. Warum hast du das getan?« Daraufhin erwiderte der Mönch, der die Frau getragen hatte: »Du trägst die Frau immer noch. Ich hatte sie schon wieder vergessen. Du verstößt immer noch gegen die Verhaltensregeln.« Da er ein Mönch war, war es vielleicht nicht völlig korrekt, dass er die Frau getragen hatte. Doch da alle Menschen Freunde sind, sollten wir ihnen auch dann helfen, wenn wir dadurch gegen eine buddhistische Verhaltensregel verstoßen. Grübelt ihr dann aber unnötigerweise über eine solche Übertretung, verstoßt ihr eben dadurch gegen die Verhaltensregel. In diesem Fall bedeutete also tatsächlich die Frau zu sehen die Frau nicht zu sehen. Als der Mönch sie auf seinem Rücken über den Fluss trug, half er ihr damit in Wirklichkeit nicht. Versteht ihr? Ihr nicht zu helfen bedeutete, ihr im wahren Sinne zu helfen.

Wenn ihr die Verhaltensregeln auf einer dualistische Ebene versteht, der Ebene von Mann, Frau, Mönch, Nonne oder Laie, verstoßt ihr eben dadurch gegen sie und demonstriert so ein sehr mangelhaftes Verständnis der Lehre des Buddha. Ohne jeden Gedanken an ein Ziel oder daran, dass ihr irgendetwas tut, ohne jede Vorstellung vom Sinn der Übung einfach zu sitzen, das ist unser Weg. Völlige Hingabe beim Sitzen, das ist unser Zazen. Und auf diese Weise halten wir unsere Verhaltensregeln ein. Manchmal sind wir zornig, manchmal lächeln wir. Manchmal sind wir wütend auf unsere Freunde, manchmal finden wir freundliche Worte für sie. Doch bei alldem folgen wir im Grunde unserem Weg. Ich kann es nicht so gut erklären, aber ich denke, ihr versteht, was ich meine.

Fragen

SCHÜLER: Ich habe das Gefühl, dass das Reden über den Buddhismus oder über das *Sandokai* nicht das Gleiche ist wie mein Leben oder meine Übung. Ich empfinde da eine Kluft. Wenn darüber geredet wird, habe ich das Gefühl, dass es sich um etwas ganz anderes handelt, um etwas, das ganz weit entfernt ist.

ROSHI: Ich hatte auch ziemlich lange dieses Gefühl. Es ist sehr schwierig für mich, euch durch meinen Vortrag zu vermitteln, worum es bei alldem tatsächlich geht. Deshalb haben die alten Meister ihren Schülern die Nasen verdreht oder sie geschlagen. »Genau hier! Wo bist du mit den Gedanken?« Kurz: *Darum* geht es! Ich hingegen umkreise mit dem, was ich sage, immer wieder das, worum es eigentlich geht. Wir nennen das: »Sich den juckenden Fuß kratzen, ohne den Schuh auszuziehen.« Es ist zwar nicht besonders hilfreich, aber ich muss trotzdem reden.

SCHÜLER: Sie haben gesagt, wenn wir einen Ohrwurm oder irgendein anderes Insekt töten, so könnten wir dies nicht, solange alles hier ist. Meinen Sie, dass jedes Ding immer jedes Ding sein wird und dieser Vortrag immer dieser Vortrag?

ROSHI: Wenn du die Dinge so siehst, »wie es ist«, dann ist das so.

SCHÜLER: Wenn der Körper des Ohrwurms stirbt, was geschieht dann mit dem Karma des Ohrwurms? Wohin gelangt der Ohrwurm?

ROSHI: Ohrwürmer kehren zum Ursprung der Wirklichkeit zurück. Sie wissen, wohin sie gehen müssen. Sprechen wir auf diese Weise darüber, klingt es wie bloßes Gerede. Doch leidest du viel, kann es dich sehr erleichtern, dies zu wissen.

SCHÜLER: Roshi, was ist der Unterschied zwischen Ihnen und mir?

ROSHI: Es gibt einen Unterschied und gleichzeitig keinen Unterschied – deshalb üben wir zusammen. Weil es einen Unterschied gibt, üben wir zusammen, und weil wir nicht verschieden voneinander sind, üben wir zusammen. Wenn du dich von mir sehr stark unterscheiden würdest, gäbe es keinen Grund für dich, mit mir zusammen zu üben; und wenn wir wahrhaft gleich wären, bestünde ebenfalls kein Grund, weshalb wir zusammen üben sollten. Weil wir verschieden sind, üben wir auf unsere Weise, und weil wir ursprünglich gleich sind, üben wir auf unsere Weise. Nicht verschieden und verschieden. Das ist nicht leicht zu verstehen. Die traditionelle Übung basiert auf diesem Ursprung der Lehre, auf der Nicht-heit, welche das Absolute, die Nicht-Dualität ist. Gewöhnlich werdet ihr durch eure Augen oder durch eure Nase, durch das, was ihr seht oder riecht, oder durch eine Form von etwas angezogen, nicht durch diesen Ursprung der Lehre. Die ursprüngliche Quelle lässt sich nicht beschreiben; deshalb haben wir dafür den Ausdruck »zungenloses Reden« geprägt. Wir sprechen hier über etwas, worüber man nicht sprechen kann. Dies wird *teisho* genannt, nicht Vortrag. Wir können das, worum es geht, zwar mit Worten erklären, doch erklären wir etwas, das leer ist. Deshalb bezeichnen wir diese Worte als »den Finger, der auf den Mond deutet«. Wenn ihr versteht, was der Mond ist, hat der Finger seine Funktion erfüllt. Es geht also nicht darum, dass du meine Worte verstehst. Vielmehr sollst du durch eigene tatsächliche Erfahrung realisieren, was ich meine. Du hast das nicht begriffen, deshalb hast du das Gefühl, dass ich auf eine sehr subtile Weise über etwas spreche, das dem sogenannten buddhistischen Pfad ähnelt. Der buddhistische Pfad ist nicht mit diesen Worten identisch, er ist der Sinn hinter den Worten.

SCHÜLER: Wenn wir den Ohrwurm töten, sind keine Worte oder Erinnerungen oder was auch immer da. In diesem Moment existiert nur die Erfahrung des Ohrwurm-Tötens. Ist das der Lehrer, der uns zur Quelle führt? Ist die Erfahrung des Ohr-wurm-Tötens, also nicht das Darüber-Reden, der Lehrer?

ROSHI: In solch einem Augenblick brauchst du dich nicht wie ein guter Buddhist oder wie ein einfacher Mönch zu fühlen oder darüber nachzudenken, ob du gegen die Verhaltensre-geln verstößt. Wenn du im Garten arbeitest, solltest du dich dieser Aktivität ganz und gar widmen. Manchmal treiben dich die Ohrwürmer zur Weißglut. Doch das kann dir niemand übel nehmen. Wenn man dich aus Tassajara herauswirft, weil du viele Ohrwürmer getötet hast, solltest du ohne zu zögern gehen. »Okay, ich gehe.« So viel Selbstvertrauen solltest du haben – nicht Selbstvertrauen, es ist mehr als das. Du solltest mit niemandem darüber streiten müssen. Wenn du die Dinge, die du tust, wirklich verstehst – das ist der Weg.

SCHÜLER: Wenn wir sagen, wir sollten fühlenden Wesen – Ohr-würmern oder wem auch immer – keinen Schaden zufügen, sagen wir das dann, weil es möglich ist, ihnen Schaden zuzu-fügen, oder weil es nicht gut ist, ihnen zu schaden, oder bei-des?

ROSHI: Beides. Und uns sollte klar sein, dass es gar nicht mög-lich ist. Und nicht möglich ist es, weil dies nur Worte sind. Mit Worten ist dieser Ort nicht zu erreichen. Nur wenn ihr euch von Worten einfangen lasst, sagt ihr »möglich« oder »unmöglich«. Etwas töten, etwas opfern – das tut ihr ohnehin Tag für Tag. Benutzt ihr aber die Lehre des Buddha, um eine gute Entschuldigung zu haben, dann ist dies ein sehr oberflächliches Verständnis des Buddhismus, auch wenn ihr euch gut dabei fühlen mögt. Ihr könnt nicht anders, als euch schlecht zu fühlen, wenn ihr ein Wesen tötet. Aber auch das ist eine oberflächliche Sicht der Dinge. Doch bedeutet dies nicht, dass ihr etwas Falsches tut, wenn ihr tatsächlich *nicht* tötet. Beides ist also wahr. Doch wenn ihr sagt: »Weil ich tatsächlich nichts töte, ist es in Ordnung zu töten«, so ist das falsch, weil ihr dann an einer Vorstellung oder an einer Verhaltensregel festhaltet, die selbst nur aus Worten besteht. Dies ist nicht das wahre Herz, das wahre Empfinden des Buddha.

SCHÜLER: Roshi, jedes Tier hat eine bestimmte Art zu leben, zu essen, seine Jungen aufzuziehen, zur Welt in Beziehung zu treten, die mit seinem spezifischen Dharma oder Tao in Einklang steht. Haben nicht auch die Menschen eine spezifische Art, zu leben, zu essen, ihre Jungen aufzuziehen, die mit ihrem Dharma oder Tao in Einklang steht?

ROSHI: Nicht in jedem Fall, aber wir müssen unser Bestes tun, um dem Dharma zu folgen – darum geht es bei dem, was ich sage. Worte sind notwendig, doch sollte euch dies nicht zu dem Fehlschluss verleiten, dass sie vollständig erfassen, worum es geht. Wir sollten uns ständig bemühen, neues Dharma, neue Verhaltensregeln zu entwickeln. Wir sagen: »Das ist das menschliche Leben« – aber dieses menschliche Leben findet heute statt, nicht morgen. Morgen müssen wir eine verbesserte Lebensweise entwickelt haben. Diese Art der Bemühung sollte ständig fortgesetzt werden. Wenn wir ein ungutes Gefühl haben, so bedeutet das etwas. Wir sollten dann unsere Lebensweise verbessern. Doch macht nicht den Fehler, in Bezug auf »ihr sollt« und »ihr sollt nicht« jemals ein vollkommenes Dharma zu erwarten. Niemand kann auf seinem eigenen Weg beharren, doch sollten wir die Bemühungen jedes Einzelnen, das Dharma zu verbessern, wertschätzen. Das entspricht dem buddhistischen Weg. Ist das verständlich?

SCHÜLER: Kann das wahre Dharma weitergegeben werden, wenn der Schüler den Lehrer nicht übertrifft? Sie sagen, dass wir unablässig, jeden Tag unsere Lebensweise verbessern müssen, uns die größtmögliche Mühe geben müssen. Sie haben einmal gesagt: »Die wahre Lehre kann nur übermittelt werden, wenn der Schüler den Lehrer übertrifft.« Können wir das Dharma auch dann weitergeben, wenn wir den Lehrer *nicht* übertreffen?

ROSHI: Ja. »Übertreffen« ist auch ein dualistisches Wort; deshalb sollten wir nicht daran haften. Es gibt keinen Grund, weshalb ich mich gut oder schlecht fühlen sollte, wenn ihr mich übertrefft. Darüber zu sprechen, was besser ist, sind nur Worte.

SCHÜLER: Wenn wir das gleiche Verständnis hätten wie der Lehrer, wäre unser Verständnis statisch, unflexibel. Es würde sich dann nicht verändern. Wenn wir in diesem Augenblick Ihr Verstehen hätten, wie wäre das dann?

ROSHI: So einfach ist das nicht. Auch nur eine einzige Seite des neuen Dharma zu kreieren ist sehr schwierig. Selbst wenn ihr das Gefühl habt, etwas Neues geschaffen zu haben, ist der Buddha immer schon da. »Oh, komm her. Brav so. Aber ich habe da noch ein paar andere Dinge für dich. Tritt nur näher«, wird der Buddha dann sagen. Es ist sehr schwer, seine Lehre zu übertreffen.

In der Helligkeit
da ist tiefste Dunkelheit

In der Helligkeit da ist tiefste Dunkelheit,
hafte nicht an der Dunkelheit.
In der Dunkelheit da ist Helligkeit,
aber suche nicht nach der Helligkeit.

Ich möchte zuerst etwas über die beiden Begriffe *mei* und *an*, »Helligkeit« und »Dunkelheit«, sagen. Helligkeit bezeichnet die relative, dualistische Welt der Worte, die Welt des Denkens, die sichtbare Welt, in der wir leben. Dunkelheit bezieht sich auf das Absolute, jene Welt, in der es keinen Tauschwert oder materiellen Wert und nicht einmal einen spirituellen Wert gibt – kurz, die Welt, die unsere Worte und unser Denken nicht erreichen können. Sie ist das Gegenstück zur relativen oder dualistischen Welt. Und für uns, die wir im Reich der Dualität leben, ist es wichtig, ein gutes Verständnis des Absoluten zu entwickeln, das wir uns auch durchaus als eine Gottheit oder einen Gott vorstellen können. Doch im Buddhismus haben wir keine spezifische Vorstellung von einem Gott oder einer Gottheit. Das Absolute ist das Absolute, weil es sich unserem Verständnisvermögen oder unserem dualistischen Denken entzieht. Wir können die Welt des Absoluten nicht leugnen. Viele Menschen bezeichnen den Buddhismus als atheistisch, weil wir Buddhisten keine spezifische Vorstellung von einem Gott haben. Wir wissen zwar, dass es das Absolute gibt, doch da wir auch wissen, dass wir es mit unserem Denken nicht erfassen können, sagen wir nicht viel darüber. Das ist mit *an*, »Dunkelheit«, gemeint.

»In der Helligkeit da ist tiefste Dunkelheit.« Dies ist eine wörtliche Übersetzung, doch ergibt diese wörtliche Übersetzung keinen rechten Sinn. Deshalb müssen wir uns mit der eigentlichen Bedeutung von *ari*, »da ist«, befassen. Wenn wir sagen: »Da ist etwas auf dem Tisch oder auf der Erde oder in Tassajara«, »etwas auf oder in etwas«, so handelt es sich dabei um eine andere Bedeutung von »da ist« als diejenige, die der japanische Ausdruck *ari* beinhaltet. Ein Teil des Schriftzeichens für *ari* bedeutet »Fleisch« oder »Haut«; ein Teil des Schriftzeichens steht also bereits durch die Art, wie es existiert, in enger Beziehung zu etwas. Die Verwendung von *ari* beinhaltet also, dass eine ganz enge Beziehung zwischen Helligkeit und Dunkelheit besteht, ähnlich der Beziehung zwischen meiner Haut und mir selbst. Hingegen drückt »In der Helligkeit da ist Dunkelheit« ein ziemlich dualistisches Verständnis aus. Ihr könnt zwar sagen: »Ich habe meine Haut« oder: »Ich habe meine Hand«, doch ist eure Hand oder eure Haut ein Teil von euch. Es besteht also in Wirklichkeit keine dualistische Beziehung zwischen beidem. Die Haut seid ihr selbst, und eure Hände sind eure Hände. Ihr Westler sagt (warum, weiß ich nicht): »Ich habe zwei Hände.« Doch fühlen sich eure Hände möglicherweise merkwürdig, wenn ihr dies sagt. »Wir sind ein Teil von dir, und du sagst, du hättest zwei Hände. Was meinst du damit? Meinst du, wir wären insgesamt vier Hände?« Es wäre gut, wenn die westlichen Sprachen in einem solchen Fall ein anderes Wort als »haben« zur Verfügung hätten. Japaner haben zwei unterschiedliche Schriftzeichen für diese beiden Fälle. Wenn wir sagen: »Da ist ein Stein oder ein Buch auf dem Tisch«, benutzen wir dafür das Schriftzeichen *zai*, und wenn wir sagen: »Ich habe zwei Hände«, benutzen wir *ari*. Wir sagen: »Da sind zwei Hände« oder: »In dir sind zwei Hände.« In unserem Fall hier bedeutet *ari*, dass eine sehr enge Beziehung zwischen Helligkeit und Dunkelheit besteht. Und tatsächlich ist die Dunkelheit selbst

Helligkeit. Dunkel oder hell befinden sich in eurem Geist, weil ihr in eurem Geist einen Standard oder einen Maßstab dafür habt, wie hell oder dunkel dieser Raum ist. Wenn es ungewöhnlich hell darin ist, sagt ihr, dass der Raum hell sei; ist es hingegen ungewöhnlich dunkel, so sagt ihr wahrscheinlich, er sei dunkel. Doch es kann auch sein, dass ihr sagt: »Dieser Raum ist hell«, und jemand anders sagt gleichzeitig: »Dieser Raum ist sehr dunkel.« Wenn sich jemand Tassajara nachts nähern würde, könnte er sagen: »Tassajara ist so hell wie eine große Stadt.« Die Vorstellung über hell und dunkel befindet sich also in uns. Weil wir einen bestimmten Maßstab haben, bezeichnen wir etwas als hell oder dunkel, doch tatsächlich ist Helligkeit Dunkelheit und Dunkelheit Helligkeit.

Obwohl wir von tiefster Dunkelheit sprechen, bedeutet dies nicht, dass nichts da ist. Bei Helligkeit könnt ihr viele Dinge sehen, beispielsweise Europäer und Japaner, Männer und Frauen, Steine und Bäume. All dies wird bei Helligkeit sichtbar. Wenn wir hingegen von »tiefster Dunkelheit« oder der »Welt des Absoluten« sprechen – was sich beides unserem Denken entzieht –, könntet ihr meinen, dies sei eine Welt, die sich sehr stark von unserer Menschenwelt unterscheidet. Doch auch das ist falsch. Wenn ihr Dunkelheit auf diese Weise versteht, so ist das nicht die Dunkelheit, die wir Buddhisten meinen, wenn wir von »Dunkelheit« sprechen.

Einige von euch bereiten das Hochzeitsessen für Ed und Meg vor. Ihr werdet wahrscheinlich verschiedene Speisen in verschiedenen Schüsseln auf den Tisch bringen. Dies ist Suppe, dies Salat, dies das Dessert. All das ist Helligkeit. Doch wenn ihr dann esst, vermischen sich die verschiedenen Speisen in eurem Bauch, und dann gibt es keine Suppe, kein Brot und kein Dessert mehr, weil sich dies alles mittlerweile miteinander vermischt hat und zusammen verdaut wird. Wenn die verschiedenen Speisen in ihren Schüsseln auf den Tisch kommen, erfüllen sie ihre Funktion noch nicht; sie sind dann eigentlich noch kein Essen, sondern Helligkeit. Später in eurem Bauch sind sie Dunkelheit. Doch selbst in der Dunkelheit gibt es noch Salat, Suppe und all die anderen Dinge. Es sind immer noch die gleichen Dinge, doch wenn sie ihre Form verändern, fangen sie an, ihre Funktion zu erfüllen. Das eigentliche Geschehen findet also in völliger Dunkelheit statt. In der Helligkeit habt ihr zwar das Gefühl, ein großes Festmahl vor euch zu haben, doch erfüllt das Essen dann noch nicht seinen Zweck.

Wisst ihr nicht, was ihr tut, handelt ihr tatsächlich mit gesammeltem Geist. Denkt ihr aber nach, arbeitet ihr noch nicht richtig daran. Sobald ihr zu arbeiten beginnt, ist sowohl die dunkle als auch die helle Seite da. Wenn ihr dem buddhistischen Weg wirklich folgt, ist immer eine helle und eine dunkle Seite im Spiel, und die Beziehung zwischen Helligkeit und Dunkelheit ist die *ari*-Beziehung, die der Beziehung zwischen Haut und Körper ähnelt. Im Grunde kann ich zwischen meiner Haut und meinem Körper nicht unterscheiden.

An so o motte o koto nakare – »Begegne niemandem mit Dunkelheit.« *Nakare* bedeutet »nicht«, »tue nicht«. *Motte* heißt »mit«. *An so* bedeutet »dunkle Seite« oder »dunkler Ausblick«. *O* bedeutet »(jemandem wie einem Freund) begegnen und (ihn dementsprechend) behandeln«.

Die Bedeutung des Zeichen *o*, »begegnen«, lässt sich durch die Begegnung von Wolken mit einem Berg veranschaulichen. Hier ist ein Berg, der Tassajara-Berg, dort sind die Wolken; und die Wolken vom Meer werden den Bergen begegnen. Diese Art von Beziehung ist *o*. Man sollte Menschen nicht mit einer Einstellung begegnen, die der Dunkelheit entspricht. Wenn du einem Freund mit geschlossenen Augen begegnest und damit ignorierst, wie alt oder wie gutaussehend er ist, wenn du alle seine Charakteristika ignorierst, begegnest du deinem Freund nicht. Dies wäre eine einseitige Sichtweise, denn in der Dunkelheit ist Helligkeit. Auch wenn die Beziehung zwischen dir und deinem Freund sehr vertraut ist, ist dein Freund immer noch der, der er ist, und du bist, wer du bist. Vielleicht ist es eine Beziehung wie zwischen Ehepartnern. Ehemann ist Ehemann, und Ehefrau ist Ehefrau; das ist echte Verbundenheit. Begegne deinem Freund also nicht, ohne der Helligkeit oder der Dualität gewahr zu sein. Eine enge Beziehung ist dunkel, weil du in einer sehr engen Beziehung mit dem anderen Menschen *eins* bist. Trotzdem bist du, wer du bist, und dein Freund ist, wer er ist.

Der nächste Satz lautet: »In der Dunkelheit da ist Helligkeit, aber sieh andere nicht mit den Augen der Helligkeit.« Die dritte Zeile wiederholt in abgewandelter Form die erste. Selbst wenn wir uns in einer sehr vertrauten Beziehung befinden, gibt es in der Dunkelheit Mann und Frau – und dies ist Helligkeit, die Dualität von Mann und Frau. »Aber sieh andere nicht nur mit den Augen der Helligkeit «, weil die andere Seite der Helligkeit die Dunkelheit ist. Dunkelheit und Helligkeit sind die beiden Seiten ein und derselben Medaille.

Wir neigen dazu, uns von vorgefassten Meinungen beherrschen zu lassen. Wenn ihr mit jemandem eine schlechte Erfahrung gemacht habt, denkt ihr vielleicht: »Das ist ein schlechter Mensch; er ist immer so gemein zu mir.« Vielleicht ist das gar nicht so. Ihr seht die betreffende Person in diesem Augenblick ausschließlich mit den Augen der Helligkeit. Ihr solltet euch vergegenwärtigen, warum sie so gemein zu euch ist. Weil die Beziehung so nah ist, so vertraut, ist es mehr als eine Beziehung zwischen zwei Menschen. Es ist eine Einheit. Deshalb wirst du wütend, wenn der andere Mensch wütend ist. Wenn der eine wütend ist, wird auch der andere wütend. Du musst die andere Seite der Helligkeit, die Dunkelheit, verstehen. Und obwohl du wütend wirst, fühlt sich der andere nicht so schlecht. »Er ist so wütend auf mich, weil wir uns so nahe sind.« Wenn du glaubst, er sei schlecht, wird es dir schwerfallen, deine Meinung über ihn zu ändern.

Manchmal ist er schlecht, aber im Augenblick weißt du nicht, ob er gut oder schlecht ist. Du musst abwarten, wie sich die Situation entwickeln wird.

Wir sollten also nicht an der Vorstellung von Dunkelheit oder Helligkeit festhalten; und wir sollten nicht an der Vorstellung von Gleichheit oder Verschiedenheit festhalten. Die meisten Menschen, die einmal eine Abneigung gegen jemanden entwickelt haben, sind praktisch nicht mehr in der Lage, ihre Beziehung zu der betreffenden Person zu verändern. Doch als Buddhisten sollten wir in der Lage sein, unseren Geist von »schlecht« nach »gut« oder von »gut« nach »schlecht« umzuschalten. Wenn ihr das könnt, bedeutet schlecht nicht mehr schlecht, und gut bedeutet nicht mehr gut. Doch gleichzeitig ist gut gut und schlecht schlecht. Versteht ihr das? So sollten wir die Beziehungen verstehen, die wir zueinander haben. Es gibt ein Gedicht, in dem dies zum Ausdruck kommt.

Die Mutter ist der blaue Berg,
und die Kinder sind weiße Wolken.
Tagein, tagaus leben sie zusammen,
und doch wissen sie nicht,
wer die Mutter ist und wer die Kinder sind.

Der Berg ist der Berg, und die weißen Wolken sind die weißen Wolken, die um den Berg kreisen wie Kinder um ihre Mutter. Da ist der blaue Berg, und da sind die weißen Wolken, doch sie wissen nicht, dass es weiße Wolken oder blaue Berge gibt. Obwohl sie nicht wissen, wissen sie sehr wohl, sogar so gut, dass sie nicht wissen.

Das ist die Erfahrung, die ihr in eurer Zazen-Übung machen werdet. Ihr werdet Insekten und den Bach hören. Ihr sitzt, der Bach fließt, und ihr hört ihn. Obwohl ihr ihn hört, habt ihr keine Vorstellung vom Bach und keine Vorstellung von Zazen. Ihr befindet euch einfach auf dem schwarzen Kissen.

Ihr seid einfach da wie der blaue Berg mit den weißen Wolken. Diese Art von Beziehung wird in den vier Zeilen des *Sando-kai*, mit denen wir uns hier beschäftigt haben, zum Ausdruck gebracht:

> *In der Helligkeit da ist tiefste Dunkelheit.*
> *Hafte nicht an der Dunkelheit.*
> *In der Dunkelheit da ist Helligkeit,*
> *aber suche nicht nach der Helligkeit.*

Fragen

SCHÜLER: Roshi, sprechen Sie über die Übersetzung von Blyth? Er hat das Gleiche gesagt.

ROSHI: Ich habe auch Masunagas Übersetzung herangezogen. Eine Übersetzung kann nicht perfekt sein. Beispielsweise gibt es kein englisches Wort für *ari*. Dunkelheit bedeutet Helligkeit. Aber Helligkeit hat keinen Sinn, wenn es gleichzeitig auch Dunkelheit bedeutet. Deshalb habe ich über beide zusammen gesprochen: »Helligkeit/Dunkelheit«. Was ist es? Dennoch gibt es Helligkeit und Dunkelheit. Zu diesem Punkt sollte es keine Fragen geben. Wenn ihr trotzdem Fragen dazu habt, so fragt nur … wenn ihr Schläge bekommen wollt!

SCHÜLER: Roshi, wie steht es mit dem Punkt der Konzentration? Sie haben gesagt: »Die Wolken wissen nicht, dass sie die Kinder des Berges sind«, und umgekehrt, doch wenn wir Menschen unsere Essschalen auspacken, konzentrieren wir uns darauf, ohne dem Bach zuzuhören. Es ist eine andere Aktivität.

ROSHI: Es ist die gleiche Aktivität.

SCHÜLER: Für mich ist das schwierig.

ROSHI: Deshalb fixierst du dich darauf. Bist du wirklich auf dein Tun konzentriert, sind Helligkeit und Dunkelheit gleichzeitig da; doch denkst du darüber nach, sind zwei Seiten da. Jetzt stellst du eine Frage. Wenn du eine Frage stellst, denkst du; deshalb ist es schwer für mich, deine Frage zu beantworten. Vielleicht muss ich sehr wütend auf dich werden. Das ist die einzige Möglichkeit. Wenn du einen Hieb bekommst, hörst du wahrscheinlich auf, darüber nachzudenken.

SCHÜLER: Roshi, warum rasieren wir uns den Kopf?

ROSHI: Damit das Denken so ungehindert ist wie das [er streicht sich mit einer Hand über seinen rasierten Kopf]. Hell – dunkel – sehr sanft; damit wir uns von jedem Schmuck lösen. Wir sollten nichts Überflüssiges haben.

SCHÜLER: Im *Diamant-Sutra* heißt es, dass wir in diesem Leben wegen unserer Sünden und Fehler in früheren Leben leiden und dass wir durch dieses Leiden jene früheren Fehler wiedergutmachen und so den Weg bereiten, auf dem wir schließlich zur Erleuchtung gelangen. Das erscheint mir wie eine sehr schwere Bürde. Ich habe es nicht verstanden. Es hat meinem Problem eine neue Dimension hinzugefügt.

ROSHI: Es wird dir helfen. Wenn du jetzt leidest, bedeutet dies nicht, dass jemand dein Leiden verursacht, sondern dass du selbst dein Leiden verursacht hast. Wenn du dies verstanden hast, wirst du keine Probleme damit haben. Verstehst du dein Leben jedoch ausschließlich aus der Perspektive des Leidens, aus der des dualistischen Grundes für unser Leiden, so hast du dich schon von der Idee des Karma einfangen lassen. Wir sollten uns vor dieser einseitigen Sichtweise hüten. Obgleich wir von »Karma« sprechen, gibt es kein Karma. Doch wenn Karma nicht existiert, könntest du auf den Gedanken verfallen: »Was immer ich tue, ist in Ordnung.« Und in diesem Fall bist du in der Idee der Dunkelheit gefangen. Kürzlich haben wir uns damit beschäftigt, warum wir Ohrwürmer töten. Wir müssen sie töten, aber das bedeutet nicht, dass es in Ordnung ist, sie zu töten. Es ist nicht in Ordnung. Wir müssen unsere Handlungen aus beiden Perspektiven verstehen.

Wenn ihr euch beim Töten der Ohrwürmer nicht so gut fühlt, solltet ihr eure Bemühungen verstärken und herauszufinden versuchen, wie ihr das Gemüse schützen könnt, ohne die Ohrwürmer zu vernichten. Doch solltet ihr nicht zu viel Zeit vergeuden, damit eure Übung nicht darunter leidet. In jedem Fall müsst ihr euch unablässig bemühen, neue gute Ideen zu entwickeln. Das ist unsere Art, Dinge in Angriff zu nehmen.

SCHÜLER: Roshi, was unterscheidet »die Dinge von beiden Seiten verstehen« vom Gar-nicht-Verstehen?

ROSHI: Es ist überflüssig, über das Gar-nicht-Verstehen zu reden. Es gibt keine zwei Wahrheiten. Die Wahrheit, die du mit deinem Geist erfassen kannst, ist möglicherweise in deinem tatsächlichen Handeln oder Fühlen nicht wahr, weil dein tatsächliches Leben nicht **so** glatt verläuft, wie es sich in deinem Denken darstellt. Wir wissen: »Dies ist die vollkommene Wahrheit.« Doch ist sie für uns nicht wahr, weil wir sie so nicht umsetzen können. Es gibt deshalb zwei Möglichkeiten, die Wahrheit zu verstehen. Die eine ist die intellektuelle Wahrheit, die *hon bunjo* genannt wird. *Hon* bedeutet »grundlegend«; *bun* bedeutet »Urteil« – »die Wahrheit, die immer wahr ist«, ob wir sie verstehen oder nicht. Wir sagen, wir »verstehen«, doch ist das, was wir damit meinen, nur ein intellektuelles Verstehen. Ob wir sie verstehen oder nicht, ob der Buddha in der Welt erscheint oder nicht, die Wahrheit ist die Wahrheit. Und die andere Wahrheit ist: Für den Buddha war dies die Wahrheit, doch können wir diese Wahrheit nicht so akzeptieren, wie sie ist; deshalb ist sie für uns *nicht* wahr. Das ist die Wahrheit in unserer Übung. Aus der Perspektive der Übung entspricht die Wahrheit nicht immer der Wahrheit des Buddha, weil diese für den Anfänger nicht unbedingt gültig ist. Versteht ihr das?

Schüler: Hat der Buddha deshalb den Unterschied zwischen *sama samadhi* und *samadhi* so stark betont?

Roshi: Ich verstehe kein Sanskrit, deshalb …

Schüler: *Samadhi* ist »Wahrheit«, und *sama* ist »Gleichmut« oder »Rechtmäßigkeit«. Obwohl viele Anhänger der Religionen, die es zu Buddhas Lebzeiten gab, *samadhi* erlangt hatten, akzeptierte der Buddha dieses *samadhi* nicht, solange es nicht von Gleichmut geprägt war. Entspricht das dem, was Sie gerade gesagt haben?

Roshi: Ja. Uns geht es nicht darum, ein bestimmtes Bild zu kultivieren. Uns ist das tatsächliche Leben wichtiger. Deshalb müssen wir üben. Dass wir alle die Buddha-Natur haben, ist wahr, unabhängig davon, ob der Buddha dies gesagt hat oder nicht. Doch leider ist es für die meisten von uns nicht wahr. Warum das so ist, weiß ich nicht.

Schüler: Wenn man lernt, die Dunkelheit im Licht und das Licht in der Dunkelheit zu sehen, werden beide dann schließlich zu ein und demselben, oder bleiben sie immer getrennt als Dunkelheit und Licht?

Roshi: Ja, sie werden zu ein und demselben, aber unser fauler Geist unterscheidet zwischen Dunkelheit und Helligkeit, und wir suchen nach der Dunkelheit. In die Helligkeit einzutauchen, die Dunkelheit in der Helligkeit zu finden, die Buddha-Natur im authentischen Zazen zu finden, ist unser Weg. Ob ihr schläfrig seid oder nicht, gute oder schlechte Schüler, ihr solltet in jedem Fall sitzen. Das ist die einzige Möglichkeit, in eure helle, dualistische Übung Dunkelheit hineinzubringen.

Der Schnee vermag die Weide nicht zu brechen

Dunkelheit und Helligkeit wechseln einander ab
wie beim Gehen der vordere und der hintere Fuß.

Wir beschäftigen uns immer noch mit der Wirklichkeit aus der Perspektive der Unabhängigkeit [»independency«]. Abhängigkeit und Unabhängigkeit sind nichts anderes als die beiden Seiten einer Medaille.

Manche Leute sind der Ansicht, die Japaner seien sehr hart. Doch das ist nur die eine Seite der japanischen Persönlichkeit. Die andere Seite ist Sanftheit. Aufgrund ihrer buddhistischen Tradition sind sie seit langem so erzogen worden. Die Japaner sind sehr gütig.

Es gibt bei uns ein Kinderlied, in dem es um einen Helden mit Namen Momotaro geht, den »Pfirsich-Jungen«. Das Lied handelt von einem alten Ehepaar, das an einem Fluss lebte. Eines Tages fand die alte Frau am Fluss einen Pfirsich, den sie mit nach Hause nahm, und aus diesem Pfirsich entwickelte sich Momotaro. Er war sehr stark, aber zugleich war er sehr freundlich und sanft. Die japanischen Kinder singen ein Lied über ihn. Er ist der idealtypische Japaner. Wie nennt ihr so jemand? Es muss auch bei euch einen Ausdruck dafür geben.

SCHÜLER: Volksheld?

ROSHI: Ja, Volksheld. Menschen, deren Geist nicht sanft ist, können nicht wahrhaft stark sein. Ohne diesen Charakterzug wäre Momotaro nicht sehr mitfühlend gewesen, und so hätte er auch nicht stark sein können. Ein Mensch, der nur in seiner isolierten Existenz stark ist, ist nicht so stark, doch ein Mensch, der sehr gütig ist und andere Menschen unterstützt, kann auf diese Weise zu einem echten Volkshelden werden. Wenn wir sowohl eine sanfte als auch eine starke Seite haben, können wir wahrhaft stark sein.

Es mag nicht leicht sein, zu kämpfen und zu siegen, doch ist es in jedem Fall schwer, ohne zu weinen durchzuhalten, wenn man besiegt wird. Ihr solltet in der Lage sein, zuzulassen, dass ihr von eurem Feind besiegt werdet. Das ist sehr schwierig. Aber wenn ihr die Bitterkeit der Niederlage nicht aushalten könnt, könnt ihr auch nicht wahrhaft stark sein. Die Bereitschaft, die eigene Schwäche einzugestehen, kann ein Zeichen für Stärke sein. Wir sagen: »Der Schnee vermag die Weide nicht zu brechen.« Das Gewicht des Schnees kann einen starren, starken Baum brechen; die Äste des Weidenbaums hingegen werden vom Schnee zwar gebeugt oder verbogen, doch vermag selbst ein starker Schnee wie jener im vorigen Jahr in dieser Gegend die Äste der Weide nicht zu brechen. Auch Bambus lässt sich sehr leicht verbiegen. Er wirkt zwar, als wäre er sehr schwach, doch vermag kein Schnee ihn zu brechen.

Dunkelheit und Helligkeit, Absolutes und Relatives, sind Gegensatzpaare – »**wie beim Gehen der vordere und der hintere Fuß**«. Dies ist eine sehr gute Beschreibung des Einsseins oder der tatsächlichen Funktion eines Gegensatzpaars. Der Vergleich veranschaulicht sehr gut, wie wir mit Gegensatzpaaren wie Täuschung und Erleuchtung, Wirklichkeit und Vorstellung, gut und schlecht, schwach und stark in unserer alltäglichen Übung tatsächlich umgehen. Menschen, die sich für stark halten, fällt es oft schwer, schwach zu sein. Menschen, die sich schwach fühlen, versuchen nie, stark zu sein. So ist es ziemlich oft. Wir sollten aber manchmal stark und manchmal schwach sein. Seid ihr immer schwach oder wollt ihr immer stark sein, könnt ihr nicht wahrhaft stark sein.

Wenn ihr etwas lernt, solltet ihr es anderen Menschen beibringen können. Ihr solltet das gleiche Maß an Bemühung auf das Lehren wie auf das Lernen verwenden. Und wenn ihr lehren wollt, solltet ihr bescheiden genug sein, um auch etwas lernen zu können. Dann seid ihr in der Lage zu lehren. Wenn ihr einfach nur deshalb zu lehren versucht, weil ihr etwas wisst, sind eure Bemühungen zum Scheitern verurteilt. Seid ihr hingegen bereit, von anderen etwas zu lernen, so könnt ihr andere Menschen wirklich etwas lehren. Zu lernen bedeutet also auch zu lehren, und zu lehren bedeutet auch zu lernen. Wenn ihr glaubt, ihr wäret immer nur Schüler, könnt ihr nichts lernen. Ihr lernt etwas, damit ihr anderen etwas vermitteln könnt, nachdem ihr selbst es gelernt habt.

Es gibt zwar keinen festen Moralkodex oder moralischen Standard, doch wenn ihr versucht, andere zu lehren, findet ihr eine moralische Orientierung. Durch die Tätigkeit des Lehrens findet ihr einen Moralkodex für euch. Bevor Japan im Krieg besiegt wurde und völlig kapitulieren musste, glaubten die Japaner, sie verfügten über eine absolut unanzweifelbare Lehre oder einen entsprechenden Moralkodex, und wenn sie sich an diesen hielten, könnten sie nichts falsch machen. Doch unglücklicherweise war dieser Moralkodex zu Anfang der Meiji-Epoche (1889) entwickelt worden. Deshalb verloren die Japaner nach der Niederlage im Krieg das Vertrauen in ihre Moralvorstellungen. Sie wussten nicht mehr, an welchen ethischen Vorstellungen sie sich orientieren sollten. Sie wussten nicht, was sie tun sollten. Nun ist es im Grunde nicht so schwierig, eine adäquate moralische Orientierung zu entwickeln. Ich sagte zu den Leuten: »Wenn ihr eure Kinder erzieht, werdet ihr auf ganz natürliche Weise eine moralische Orientierung finden.« Wenn ihr glaubt, eine solche Orientierung habe nur für euch selbst Gültigkeit, so ist diese Anschauung sehr einseitig. Sie hat vielmehr die Funktion, anderen zu helfen. Eine moralische Orientierung, die ihr entwickelt, um anderen zu helfen und euch ihnen gegenüber gütig zu verhalten, ist auch für euch selbst adäquat.

Es gibt das Sprichwort: »Hundert Meilen nach Osten zu gehen bedeutet, hundert Meilen nach Westen zu gehen.« Wenn der Mond hoch am Himmel steht, ist der Mond im Wasser sehr tief. Doch gewöhnlich betrachten die Menschen den Mond über dem Wasser und sehen den Mond im Wasser nicht. Dass der Mond tief ist, bedeutet, dass der Mond hoch steht. Folglich ist der Mond im Wasser unabhängig, und der Mond über dem Wasser ist ebenfalls unabhängig; doch der Mond über dem Wasser ist gleichzeitig auch der Mond im Wasser. Das sollten wir uns klarmachen. Wenn ihr stark seid, solltet ihr stark sein, sehr zäh und ausdauernd. Doch entspringt diese Zähigkeit eurer Sanftmut und Güte. Und wenn ihr gütig seid, solltet ihr einfach gütig sein – doch das bedeutet nicht, dass ihr nicht stark seid.

Frauen mögen körperlich im allgemeinen nicht so stark sein wie Männer, doch genau deshalb sind sie oft stärker als Männer. Im Grunde können wir nicht sagen, wer stärker ist. Wenn wir eine völlig unabhängige Natur haben, ist unsere Stärke der jedes anderen Menschen vollkommen gleich. Vergleicht ihr, wer stärker ist, ihr selbst oder jemand anders, seid ihr nicht wahrhaft stark. Wenn ihr völlig unabhängig seid, eins mit eurer Natur, seid ihr eine absolute Kraft in einer relativen Situation. Frauen und Männer, die zu sehr miteinander konkurrieren, sind nicht so stark. Frauen, die völlig zu Frauen (und Männer, die völlig zu Männern) werden, verfügen über absolute Macht. Versteht ihr dies?

Helligkeit und Dunkelheit sind einander trotz ihrer Gegensätzlichkeit gleich – »wie beim Gehen der vordere und der hintere Fuß«. Diese Metapher veranschaulicht die Beziehung zwischen dem Absoluten und dem Relativen sehr gut.

Wenn ihr geht, wird der vordere Fuß im nächsten Moment zum hinteren Fuß. Ist demnach ein Schritt, den ihr mit eurem rechten Fuß macht, der vordere oder der hintere Schritt? Welcher von beiden ist es? Was ist Helligkeit und was Dunkelheit? Das ist so schwer zu beantworten wie die Frage, welcher der vordere und welcher der hintere Fuß ist.

Wenn ihr tatsächlich geht, gibt es keinen hinteren und keinen vorderen Fuß. Hört ihr jedoch zu gehen auf und denkt über diese Aktivität nach, so ist der rechte Fuß manchmal der vordere Fuß und der linke manchmal der hintere. Doch geht ihr und eure Füße sind in Bewegung, wenn ihr den Weg beschreitet, so gibt es weder Helligkeit noch Dunkelheit und auch keinen vorderen und hinteren Fuß. Sage ich, ihr solltet einfach in Zazen sitzen, ohne zu denken, so meint ihr vielleicht, ihr solltet frei von Gedanken sein, und wenn ihr das meint, so verstrickt ihr euch in die Vorstellung, dass der rechte der vordere und der linke der hintere Fuß ist, und ihr könnt dann nicht mehr gehen. Vergesst ihr völlig, darüber nachzudenken, was der linke und was der rechte Fuß ist, so könnt ihr gehen. Beim Gehen hegt ihr keinerlei Vorstellung über den linken und den rechten Fuß. Seid ihr euch aber in übermäßiger Weise des rechten oder des linken Fußes bewusst, so könnt ihr weder gehen noch laufen.

Wie ich schon einmal gesagt habe: Bevor ihr euer Essen kaut, sind Reis, Essiggemüse und Suppe da. Wenn ihr euer Essen gekaut habt, sind kein Reis und Essiggemüse und keine Suppe mehr da. Nachdem ihr das Essen in eurem Mund vermischt habt, wird es in eurem Bauch verdaut und erfüllt dann seinen Zweck. Trotzdem sollten wir die einzelnen Speisen nacheinander servieren und das Dessert zuletzt auftischen. Es gibt eine bestimmte Ordnung. Doch trotz dieser Ordnung solltet ihr die Speisen gut kauen und miteinander vermischen, weil das Essen seinen Zweck sonst nicht erfüllt. Es ist wichtig, über die Gerichte nachzudenken und sich an einem

Rezept zu orientieren, aber es ist auch wichtig, alles miteinander zu vermischen.

Dies ist eine sehr gute Interpretation der Wirklichkeit und ein sehr gutes Gleichnis dafür, wie wir unseren Weg üben sollten und welchen Charakter die Aktivitäten in unserem Alltag haben. Es ist eine Interpretation der Wirklichkeit aus der Perspektive der Unabhängigkeit [»independency«].

Fragen

SCHÜLER: Roshi, wir haben im Englischen die Wörter »independent« und »independence«, aber kein Wort »independency«.

ROSHI: Oh! »Independence«. Entschuldigt. »Independence« scheint mir nicht so gut wiederzugeben, was ich ausdrücken will.

SCHÜLER: Wir haben ein Substantiv »dependency«, deshalb können wir auch »independency« bilden.

ROSHI: Aber *gibt* es »independency«?

SCHÜLER: *Jetzt* gibt es »independency«!

ROSHI: »Independent« ist zu stark. Wenn ihr »independent« – unabhängig seid – Peng! [Er schlägt mit einem Stock auf den Tisch.] Das ist alles. Euch interessiert dann gar nichts. Wenn ihr unabhängig seid, befindet ihr euch in einer sehr verletzlichen, schwachen oder gefährlichen Situation.

SCHÜLER: Ist nicht die Vorstellung, die Menschen über ihre Unabhängigkeit entwickeln, eine Täuschung?

ROSHI: Ja. Wenn sie denken: »Ich bin unabhängig«, ist das nicht wahr. Ihr seid von allem abhängig.

SCHÜLER: Ich verstehe Ihre Unterscheidungskriterien dafür, wie Frauen und wie Männer sein sollten, nicht. Wenn beispielsweise eine Frau mit einem Mann körperlich wetteifert, ist sie gewöhnlich schwächer. Aber woher nehmen Sie, wie eine Frau oder ein Mann eigentlich sein sollte?

ROSHI: Ich rede nicht von schwach. Wenn Männer und Frauen miteinander konkurrieren und anhand bestimmter Standards oder Kriterien miteinander verglichen werden, ist manchmal der Mann und manchmal die Frau stärker. Man kann sowieso nicht immer stark sein. Doch wird jemand absolut zu einer Frau (oder zu einem Mann), dann hat er oder sie immer einen absoluten Wert, und niemand kann einen solchen Menschen ersetzen.

SCHÜLER: Ich habe Probleme damit, die Bedeutung Ihres Vortrags richtig einzuschätzen. Ich würde das gern etwas ausführlicher erklären, weiß aber nicht so recht, wie. Ich sehe nicht, was das alles eigentlich soll. Natürlich weiß ich, was Sie sagen wollen, wenn Sie über Gegensätze und dergleichen sprechen.

ROSHI: Ich sage, was ich sage, um euch ein anderes Verständnis der Wirklichkeit zu erschließen. Ihr betrachtet die Dinge nur von der einen oder von der anderen Seite und seid auf ein Verständnis fixiert, das nur der einen dieser beiden Seiten gerecht wird. Deshalb sage ich all diese Dinge. Das ist notwendig. Genaugenommen haben Buddhisten keine Lehre. Wir haben keinen Gott und keine Gottheiten. Wir haben gar nichts. Wir haben Nichtheit, sonst nichts. Deshalb müssen wir uns fragen, ob Buddhisten religiös sein können. In was für einer Lage befinden wir uns? Mit dieser Frage müssen wir uns auseinandersetzen. Die Antwort kann keine spezifische Vorstellung von Gott oder einer Gottheit sein, sondern nur das Verständnis der Wirklichkeit, mit der wir konfrontiert werden. Wo sind wir? Was tun wir? Wer ist er? Wer ist sie? Wenn wir die Dinge auf diese Weise betrachten, brauchen wir keine spezifische Lehre über Gott, weil dann für uns alles Gott ist. Augenblick für Augenblick stehen wir Gott gegenüber. Und jeder von uns ist Gott oder Buddha. Deshalb brauchen wir keine spezifische Vorstellung von Gott. Das ist wohl das Entscheidende.

SCHÜLER: Roshi, das hört sich sehr gut an. Aber warum legen wir dann Gelübde ab? Als beispielsweise Ed und Meg geheiratet haben, haben Sie gesagt, sie sollten Zuflucht zu den Drei Schätzen (Buddha, Dharma, Sangha) nehmen und die zehn grundlegenden Verhaltensregeln beachten.

ROSHI: Wir legen Gelübde ab, beachten Verhaltensregeln und lesen Sutras. Doch auch wenn ihr die Schriften lest und die Verhaltensregeln beachtet, handelt es sich ohne rechtes Verstehen entweder um Verhaltensregeln der Helligkeit oder um solche der Dunkelheit, und wenn ihr euch darin verfangen habt und ihr euch zu sehr auf die Verhaltensregeln und die Schriften verlasst, entsprechen die Verhaltensregeln und Schriften nicht mehr der buddhistischen Lehre.

SCHÜLER: Manche Verhaltensregeln kommen mir ganz natürlich vor, beispielsweise dass ich nicht schlecht über andere Menschen reden soll. Schädliche Drogen oder Rauschmittel zu nehmen erscheint mir unnatürlich. Doch wenn mir alle Verhaltensregeln völlig natürlich erscheinen und ich nur Dinge ganz natürlich zu tun versuchen würde, dann wäre das etwas völlig anderes.

ROSHI: Wenn du dieses Gefühl hast, könntest du auch sagen: »Ich empfinde es als völlig natürlich, in diese Welt hineingeboren worden zu sein und darin zu leben.« Aber ist das natürlich? Du hast bereits etwas vorausgesetzt, was du nicht voraussetzen solltest. Das könnte bereits ein schwerwiegender Fehler sein. *Warum* bist du in diese Welt gekommen?

SCHÜLER: Angenommen, ich verpflichte mich dazu, die Verhaltensregel zu beachten, nicht schlecht über andere zu reden. Wenn ich mich nicht an diese Regel halte, scheint es mir, als gäbe es dafür auch überhaupt keinen Grund; und wenn ich ihr folge, habe ich das Gefühl, in ihr gefangen zu sein. Ich verstehe das einfach nicht. Sind Verhaltensregeln nicht streng, scheinen sie nicht nützlich zu sein; sind sie hingegen streng, so scheinen sie nicht mit dem *Sandokai* in Einklang zu stehen. Ich habe mich immer gefragt, was es mit jenem Teil des Mahlzeiten-Sutras auf sich hat, in dem wir sagen: »... alles Schlechte vermeiden und Gutes tun.« Ich habe Sie schon einmal danach gefragt, und Sie haben geantwortet, wir sollten einfach genau auf das achten, was wir tun. Wenn das der Sinn ist, warum sagen wir dann nicht einfach *das*? Warum sagen wir nicht: »Ich übe Zazen in meinem Alltag«, statt uns auf Worte zu fixieren. Warum müssen wir uns überhaupt mit all diesem »Gut und Böse« abgeben?

ROSHI: Nein! Du versuchst, mit mir zu streiten. Ihr braucht Verhaltensregeln, könnt aber im Grunde gar nicht gegen sie verstoßen. Das ist nicht möglich. Doch ihr habt das Gefühl, es zu tun. Wenn ihr dieses Gefühl habt, solltet ihr es akzeptieren, und wenn ihr eure Gefühle akzeptiert, müsst ihr sagen: »Entschuldige« oder: »Es tut mir leid« oder etwas ähnliches. Auch das ist ganz natürlich. »Töte nicht« ist eine tote Verhaltensregel. »Entschuldige« ist eine Verhaltensregel, die ihren Zweck erfüllt, und eine, die nicht »ein vorderer oder ein hinterer Fuß« ist. Verstehst du? Wenn du Verhaltensregeln liest und sagst: »Okay, ich werde mich daran halten«, dann ist das im Sinne der Verhaltensregeln. Und wenn du gegen eine Verhaltensregel verstoßen hast, kannst du sagen: »Oh, das tut mir leid.« Das ist ganz natürlich.

SCHÜLER: Als ich hierher kam, hat mich niemand gefragt, ob ich die Verhaltensregeln einhalte. Sie wollten nur wissen, ob ich 2,50 Dollar pro Tag zahlen kann.

ROSHI: Ein gutes Geschäft! So einfach kann es nicht sein. Jedenfalls solltest du sagen: »Oh, es tut mir leid.« Als du geboren wurdest, konntest du das noch nicht sagen. Jetzt kannst du es. Du solltest sagen: »Es tut mir leid, dass ich eure Tochter oder euer Sohn bin. Entschuldigt bitte. Ich habe euch eine Menge Schwierigkeiten bereitet.« Das ist im Sinne der Verhaltensregeln.

SCHÜLER: Roshi, manchmal fühle ich mich so, wenn ich die Vorträge höre. Einmal, als ich irgendwo entlangging, kam jemand zu mir und fragte mich: »Ist dir eigentlich schon einmal aufgefallen, dass beim Gehen der eine Fuß vorn und der andere hinten ist?« Nein! Das hat mich lange Zeit sehr beschäftigt. Ich habe mich damals gefragt, warum diese Person mir eine solche Frage gestellt hatte, und viel darüber nachgedacht. Ich fand es sehr merkwürdig, und es hat meine Aufmerksamkeit gefesselt. Nach längerer Zeit merkte ich, dass ich wieder einfach nur ging und mich nicht mehr so sehr damit beschäftigte. Doch dann kam eines Tages jemand anders zu mir und sagte: »Ist dir eigentlich schon aufgefallen, dass ein Fuß vorn und der andere hinten ist, wenn du gehst?« Und jetzt bin ich wieder genau an diesem Punkt. Ich verstehe das alles weiterhin nicht, aber irgendwie beschäftigt es mich immer noch. Die eine Hälfte von mir sagt: »Welche Bedeutung soll das haben?«, denn es stört mich nicht mehr, und die andere Hälfte sagt: »Ja, aber es geschieht immer noch jedesmal, wenn ich einen Schritt mache.«

ROSHI: Das Leben als eine Übung zu verstehen, die nur uns selbst etwas angeht, hat nicht viel Sinn. Wenn du dir vergegenwärtigst, was wir Menschen tun, wirst du merken, dass wir uns genau dadurch in große Schwierigkeiten bringen. Rechter Fuß oder linker Fuß, Rinzai oder Soto, Amerika oder Sowjetunion, Frieden oder Krieg – wenn ihr die Dinge so versteht, ist alles ein riesiges Problem, das sich nur lösen lässt, indem man immer weitergeht.

Schüler: Habe ich richtig verstanden, dass Sie sagen, das Problem sei, all dieser Polaritäten und Verhaltensregeln gewahr zu sein, ohne dass dieses Gewahrsein seiner selbst zu sehr bewusst wird? Das Bewusstsein fixiert die Dinge, und das Ergebnis dieser Fixierung entspricht auch nicht der Realität, sondern legt sie in Ketten.

Roshi: Ja, wenn die Ketten angelegt sind, ist keine Bewegung mehr möglich. Dennoch solltet ihr euch bewegen. Da die Zeit nicht auf euch wartet, solltet ihr aufbrechen und der Wirklichkeit folgen. Indem ihr über diesen Punkt nachdenkt, habt ihr euch bereits in Bewegung gesetzt. Doch wenn ihr einfach nur weiter darüber nachdenkt, geschieht nichts, und ihr kommt nicht weiter. Wenn ihr denkt: »Die Welt bewegt sich unaufhörlich weiter; wir werden immer älter; der heutige Tag kommt nie mehr wieder; und morgen muss ich irgendwo hingehen«, habt ihr euch bereits in Bewegung gesetzt. Ihr könnt nicht immer das Gleiche denken, und ihr könnt nicht immer innehalten und nachdenken. Ihr solltet in jedem Fall weitergehen und euch dabei die größtmögliche Mühe geben. Und wenn ihr euch die größtmögliche Mühe gebt, so geht ihr bereits. Manchmal wird euer Fuß dabei hinten und manchmal vorn sein. Manchmal werdet ihr das Gefühl haben, etwas Gutes zu tun, und manchmal werdet ihr das Gefühl haben, etwas Schlechtes zu tun. Das müsst ihr akzeptieren, während ihr auf diese Weise unablässig voranschreitet. Wenn ihr euch gezwungen fühlt, es zu akzeptieren und in jedem Augenblick zu leben, dann lebt ihr tatsächlich in jedem Augenblick. Dann solltet ihr etwas tun, etwas sagen. »Sag etwas!«, brüllt der Rinzai-Meister. »Sag jetzt etwas!« [Er schlägt auf den Tisch.] Was sagst du? Das ist das Entscheidende.

Leiden ist etwas
sehr Wertvolles

Jedes Phänomen hat seinen Wert.
Ihr solltet darauf achten,
wie die Wahrheit zum Ausdruck gelangt.
Das Relative passt zum Absoluten wie ein Deckel zu
seinem Behälter.
Das Absolute und das Relative entsprechen einander
wie zwei Pfeile,
die sich im Flug begegnen.

Ich möchte nun darüber sprechen, wie wir Dinge betrachten und wie wir mit Dingen umgehen sollten. Die Funktion *(ko)* eines Dings bestimmt seinen Wert. Wenn wir von Wert sprechen, meinen wir meist den Tauschwert; doch hat *ko* eine umfassendere Bedeutung. Manchmal steht dieses Wort für »Verdienst« oder für das, was jemand in seinem Leben in unserer Gesellschaft oder Gemeinschaft getan hat. *Ko* umfasst Dinge wie Tugend und Nützlichkeit, Verdienst und gute Taten. »Jedes Phänomen« schließt Menschen, Berge, Flüsse, Sterne und die Sonne ein – also alles. »Alles hat seine Funktion.« Und aufgrund dieser Funktion hat jedes Ding für uns einen spezifischen Wert.

Vielleicht fragt ihr euch: »Die Funktion von *was*? Es muss die Punktion von etwas sein.« Dieses Etwas könnte *ri* (die Wahrheit, das Absolute) sein.

Ich muss heute einige spezielle Begriffe benutzen. Nehmen wir beispielsweise an, ihr seht etwas … [Die Lautsprecheranlage wird plötzlich weiter aufgedreht, und Roshi hört seine eigene Stimme aus den Lautsprechern.] Oh! Ihr hört eine Stimme. Ihr glaubt, ihr würdet *mir* zuhören, doch tatsächlich hört ihr vielleicht meiner Stimme zu, vielleicht aber auch der Funktion der Elektrizität oder der Lautsprecheranlage. Das ist die Funktion einer universellen Wesenheit mit Namen Elektrizität, die die ganze Welt umfasst. Ihr hört also in Wahrheit nicht *mir* zu, sondern der Stimme der Elektrizität oder vielleicht der Stimme des Universums. Dies ist eine Möglichkeit, meinen Vortrag zu verstehen. Eine andere Möglichkeit, ihn zu verstehen ist, dass ihr meiner Natur zuhört. Und ihr hört auch der Natur der Elektrizität zu. Wenn ihr also etwas seht oder etwas hört, seid ihr dadurch schon mit dem ganzen Universum verbunden.

Verstehen wir Dinge auf diese Weise, nennen wir dies das Verständnis von *tai*. *Tai* bedeutet »Körper«, doch ist damit eher ein ontologischer großer Körper gemeint, der alles enthält. Und die Natur von *tai* ist *sho*. Dieses *sho* ist die Grundnatur von allem. Und wenn unser Verstehen *ri*, die Wahrheit, erreicht, so ist damit etwas gemeint, das sich nicht in Worte fassen lässt. Dieses *ri* ist nicht die Wahrheit, die wir gewöhnlich meinen, wenn wir beispielsweise vom »wahren Charakter« sprechen. Vielmehr ist sie etwas, das sich nicht in unseren Vorstellungen von gut und schlecht, lang und kurz, richtig und falsch erfassen lässt – etwas, das all die vielen verschiedenen Bedeutungen der Dinge umfasst.

In der zweiten Zeile ist von *yo* oder »Funktion« die Rede. Dieses Wort steht in einer engen Beziehung zu *ri* oder »Wahrheit«, wohingegen das bereits erwähnte *ko* in Beziehung zu *ji* oder »Dingen« steht. Beide Begriffe scheinen von ihrer Bedeutung her identisch zu sein, doch ist *yo* eher die Funktion der Wahrheit, die Funktion von *ri*, und *ko* ist die Funktion oder der Wert der Dinge. Sekito spricht hier über die Einheit von *ko* und *yo*, dem »Wert der Dinge« und der »Wahrheit, die sich in allen Möglichkeiten und allen Dingen zeigt«. Das alles klingt vielleicht etwas verwirrend; deshalb werde ich es wörtlich übersetzen. »Alle Phänomene haben ihren Wert« oder: »Jedes der vielen Dinge hat seinen eigenen Wert«. Wenn ihr Dingen begegnet, solltet ihr euch also darüber im Klaren sein, dass sich eben gerade darin die wahre Lehre offenbart. Ihr solltet diesen Ort der Begegnung kennen.

Manchmal benutzen wir »Wert« *(ko)* und »Ausdruck der Wahrheit« oder »Umgang mit der Wahrheit« *(yo)* zusammen: *koyo.* Wenn wir *koyo* sagen, verstehen wir nicht nur jedes Ding genau so, wie wir es sehen, sondern wir verstehen auch den Hintergrund aller Dinge, und dieser ist *ri.* Wir sollten wissen, wie wir mit den Dingen umgehen müssen. Und zu wissen, wie wir mit den Dingen umgehen müssen, bedeutet, dass wir die Lehre kennen oder die Funktionsweise der Dinge, welche *ri* ist. Die Dinge verstehen bedeutet also den Hintergrund verstehen; und den Wert der Dinge verstehen bedeutet, dass wir verstehen, wie man die Dinge auf die rechte Weise benutzt – jeweils dem Ort und der Natur des betreffenden Dings entsprechend. Dies bedeutet, die Dinge so zu sehen, wie sie sind. Wenn wir sagen: »Ich sehe die Dinge, wie sie sind«, so ist das gewöhnlich nicht der Fall. Ihr seht eine Seite der Wahrheit, eine Seite der Wirklichkeit, die andere jedoch nicht. Ihr seht nicht den Hintergrund, welcher *ri* ist. Stattdessen seht ihr die Dinge nur im Sinne von *ji*, der phänomenalen Seite eines Geschehens, jedes Dings, und ihr denkt, alles existiere nur auf diese Weise. Doch dem ist nicht so. Jedes Ding verändert sich und ist mit allen anderen Dingen verbunden; und jedes Ding hat seinen Hintergrund. Es gibt einen Grund für das Hiersein all der vielen Dinge. Die Dinge so zu sehen, wie sie sind, bedeutet, zu verstehen, dass *ji* und *ri* eins sind, dass Unterschiedlichkeit und Gleichheit eins sind und dass der Ausdruck der Wahrheit und der Wert der Dinge eins sind.

Beispielsweise denken wir, das gesamte Universum sei nur für die Menschen da. Heute sind unsere Vorstellungen etwas großzügiger geworden, und unsere Ansichten über die Dinge sind etwas liberaler, doch basiert immer noch fast unser gesamtes Denken auf anthropozentrischen Vorstellungen. Deshalb erkennen wir den wahren Wert der Dinge nicht oder wissen ihn nicht zu schätzen. Ihr stellt mir viele Fragen, doch wenn ihr diesen Punkt wirklich versteht, gibt es nicht mehr viel zu fragen. Die meisten Fragen und Probleme entstehen durch anthropozentrisch-egozentrische Vorstellungen. »Was ist Geburt und Tod?« Schon das ist eine sehr ichzentrierte Vorstellung. Natürlich sind Geburt und Tod uns eigen. Es gehört zu uns, dass wir sterben, und es gehört zu uns, dass wir in diese Welt kommen. Und wir sehen, wie die Dinge sich entwickeln, wie alles auftaucht und wieder verschwindet, älter und älter oder größer und größer wird. Alles existiert auf diese Weise. Weshalb also sollten wir uns selbst in dieser Hinsicht einen besonderen Status geben? Sprechen wir von »Geburt und Tod«, meinen wir damit meist Geburt und Tod von Menschen. Versteht ihr Geburt und Tod hingegen als Geburt und Tod von allem, einschließlich der Pflanzen, des Gemüses und der Bäume, dann gibt es überhaupt kein Problem mehr. *Wenn* es ein Problem ist, so schließt dieses Problem alles ein, also auch uns selbst. Und ein Problem, das alles und alle betrifft, ist kein Problem mehr. Fast alle diese Fragen und Probleme entspringen einem engen Verständnis der Dinge. Deshalb müssen wir ein weites, klares Verständnis entwickeln. Vielleicht meint ihr, es sei nicht hilfreich für euch, über diese Art von Dingen zu sprechen. Als einem egoistischen menschlichen Wesen kann einem aber nur schwer geholfen werden. Der Buddhismus behandelt den Menschen nicht als eine besondere Kategorie. Wir betrachten den Menschen in einer verblendeten, egoistischen Weise, wenn wir ihn als eine besondere Kategorie begreifen. Das entspricht der menschlichen Natur, ein Denken zu akzeptieren, dass nicht ins Innere schaut und stattdessen eine Wahrheit außerhalb des Menschen sucht.

Dies ist aber nicht möglich, weil der Hintergrund nicht umfassend genug ist. Ihr müsst ein gewisses Vertrauen in euch selbst entwickeln.

Im *Sandokai* heißt es: »Alles, jedes Phänomen, hat seinen Wert.« Als Menschen haben wir unsere spezifische Natur. Ihr entsprechend sollten wir leben. Nur wenn wir wie Menschen leben, die eine selbstsüchtige Natur haben, folgen wir der Wahrheit im umfassenderen Sinne, weil wir dann in unseren Urteilen unsere Natur berücksichtigen. Wir sollten also wie Menschen in dieser Welt leben. Wir sollten nicht versuchen, wie Katzen und Hunde zu leben, die mehr Freiheit haben und weniger egoistisch sind. Menschen sollten in einen Käfig gesperrt werden, in einen unsichtbaren Käfig, so wie Religionen oder Morallehren dies sind. Hunde und Katzen haben keinen speziellen großen Käfig und keine spezielle Moral. Sie brauchen keine Lehre oder Religion. Doch wir Menschen brauchen die Religion. Wir Menschen sollten »Entschuldigung« sagen. Hunde und Katzen brauchen das nicht zu tun. Wir Menschen sollten also unserem Weg folgen, und Hunde und Katzen sollten ebenfalls ihrem Weg folgen. Das beinhaltet, dass die Wahrheit in allem zum Ausdruck kommen sollte.

Wenn wir unserer menschlichen Natur folgen und wenn Hunde und Katzen ebenfalls ihrer jeweiligen Natur folgen, entsteht der Eindruck, dass die Natur der Menschen und die der Tiere unterschiedlich sei. Doch obwohl unsere Naturen unterschiedlich sind, ist ihr Hintergrund der gleiche. Da wir an anderen Orten und auf eine andere Weise leben, muss sich zwangsläufig auch die Art , wie wir die Wahrheit ausdrücken, von der Art, wie Tiere dies tun, unterscheiden. Es verhält sich mit alldem so ähnlich wie mit der Nutzung der Elektrizität. Manchmal benutzen wir sie als Licht und manchmal zur Verstärkung von Schall. Je nach Anwendungsbereich bedienen wir uns anderer Mechanismen. Menschen haben ihre spezifischen Anwendungsmechanismen und Tiere ebenfalls.

Doch obgleich wir Elektrizität auf unterschiedliche Weisen benutzen, ist es doch stets die gleiche Elektrizität. Dies ist der Ausdruck, die Anwendung, der Wahrheit. Und darüber spricht Sekito hier. Wir sollten uns nicht auf die Unterschiedlichkeit des Ausdrucks fixieren, weil es stets die gleiche wahre Natur oder Buddha-Natur ist, die zum Ausdruck gelangt, wenn auch je nach konkreter Situation auf unterschiedliche Weisen. So finden wir im Alltag die wahre Natur in uns selbst.

Die nächsten beiden Zeilen lauten: »**Das Relative (***ji***) passt zum Absoluten (***ri***) wie ein Deckel zu seinem Behälter. Das Absolute und das Relative entsprechen einander wie zwei Pfeile, die sich im Flug begegnen.**« Ich habe bereits erwähnt, dass *ji* »verschiedene Dinge und Ereignisse« bedeutet, wozu auch die Dinge zählen, die sich in eurem Geist befinden, die Dinge, über die ihr nachdenkt. *Ri* ist etwas »jenseits des Denkens, jenseits unseres Verstehens oder unserer Wahrnehmung«. Noch einmal: Relatives und Absolutes sind ein und dasselbe, doch wir müssen beide auf unterschiedliche Weisen verstehen.

Wo *ji* ist, ist auch *ri*. Beide passen zusammen wie ein Deckel zu einem ganz bestimmten Behälter. Dass ich hier bin, bedeutet, dass die wahre Buddha-Natur hier ist. Ich bin ein zeitweiliger Ausdruck der Buddha-Natur. Ich bin nicht nur einfach ich. Was ich bin, ist mehr als ich, doch ich bringe die wahre Natur auf meine ganz eigene Weise zum Ausdruck. Dass ich hier bin, bedeutet, dass das ganze Universum hier ist, etwa so, wie da, wo eine Kerosin-Lampe ist, auch Lampenöl sein muss.

Die Art, wie *ri und ji* in Einklang miteinander sind, ist vergleichbar damit, wie zwei Pfeile einander in der Luft begegnen. Hierzu gibt es eine Geschichte. Im alten China, in der Zeit der kämpfenden Reiche (430–221 vor unserer Zeitrechnung) lebte ein berühmter Meister des Bogenschießens mit Namen Hiei. Kisho, der ebenfalls ein sehr guter Bogenschütze war, wurde eifersüchtig auf Hieis Künste und wollte mit ihm in einen Wettstreit treten. Also erwartete er Hiei mit seinem Pfeil und Bogen. Als Kisho ihn kommen sah, nahm auch er Pfeil und Bogen und zielte damit auf den Rivalen, der jedoch seinen Pfeil als Erster abschoss. Beide Schützen waren so gut und schnell, dass ihre Pfeile in der Luft aufeinandertrafen. S-s-s-s-s-s-s-sssssst! Später wurde Hiei Kishos Schüler.

Es hat beispielsweise einen Grund, dass ich alt bin. Ohne einen Grund wäre ich nicht alt geworden. Und ohne einen Grund wäre ich auch kein Jugendlicher geworden. Aus irgendeinem Grund bin ich alt geworden; deshalb kann ich mich nicht beklagen. Der Hintergrund meines Altseins ist der Hintergrund meines Aufwachsens als schöner Junge [lacht]. Ich werde durch den gleichen Hintergrund unterstützt, und ich werde auch dann noch von ihm unterstützt, wenn ich sterbe. So sehen wir dies.

Die Dinge so zu akzeptieren, wie sie sind, erscheint sehr schwierig, doch ist es im Grunde sehr leicht. Wenn es nicht leicht ist, solltet ihr einmal darüber nachdenken, *warum* es schwierig ist. »Vielleicht«, könntet ihr sagen, »ist mein oberflächliches, ichbezogenens Selbstverständnis der Grund.« Und dann könntet ihr fragen: »Warum ist mein Verständnis der Dinge so ichbezogen?« Doch ist ein ichbezogenes Verständnis der Dinge auch notwendig. Weil wir uns für so wichtig halten, arbeiten wir hart. Ohne eine solche ichbezogene Einstellung könnten wir nicht arbeiten. Um zu arbeiten, brauchen wir ständig irgendwelche Belohnungen, und dass dieses Anspornen unserer selbst funktioniert, dafür sorgt die ichbezogene Einstellung. Wir sollten sie deshalb nicht ablehnen, sondern anerkennen, dass sie uns unablässig hilft. Seid deshalb für eure egoistische Perspektive, die ständig neue Fragen aufwirft, dankbar. Diese Fragen sind nur Fragen, und sie bedeuten nicht allzu viel. Ihr könnt euch an euren Fragen und Antworten erfreuen, und ihr könnt Spiele damit spielen, ohne sie allzu ernst zu nehmen. Das ist die Bedeutung des Mittleren Weges.

Wir können die Bedeutung des Mittleren Weges als *ri,* Leerheit, und als *ji,* Dinge, verstehen. Beide Aspekte sind wichtig. Weil wir Menschen sind und es unsere Bestimmung ist, bis zu achtzig oder neunzig Jahre lang zu leben, müssen wir eine ichbezogene Lebensweise entwickeln. Andererseits geraten wir aufgrund dieser ichbezogenen Lebensweise in Schwierigkeiten, und das sollten wir akzeptieren. Schwierigkeiten zu akzeptieren ist schon an und für sich der Mittlere Weg. Ihr solltet eure ichbezogene Lebensweise also nicht ablehnen, sondern sie akzeptieren, aber ihr dürft euch auch nicht auf sie fixieren. Ihr solltet euch eures menschlichen Lebens erfreuen, solange ihr lebt. Das ist der Mittlere Weg, das Verständnis von *ri* und *ji.* Wenn also *ri* da ist, ist auch *ji* da; und *wenn ji* da ist, ist auch *ri* da. Schwierigkeiten auf diese Weise zu verstehen bedeutet, dass ihr euer Leben genießt, ohne Probleme oder Leiden abzulehnen.

Leiden! Etwas sehr Wesentliches ist mir aufgefallen, dem ich bisher noch keine so große Bedeutung beigemessen habe. Leiden ist etwas sehr Wertvolles. Das habe ich heute während eines Gesprächs mit jemandem erkannt. Unsere Übung sollte die Übung des Leidens sein; wie wir leiden, ist unsere Übung. Das ist sehr hilfreich. Ich nehme an, dass die meisten von euch leiden, da ihr vermutlich alle Schmerzen in den Knien habt, wenn ihr sitzt. Und in eurem Alltagsleben leidet ihr auch. Bischof Yamada [Anfang der sechziger Jahre der Bischof des Soto-Zen in Amerika] hat im Zen-Zentrum einige Sesshins geleitet. Dabei legte er besonderes Schwergewicht auf *unshu,* eine Übung, die Hakuin Zenji lange Zeit praktiziert hat. Hakuin erkrankte in seiner Jugend an Tuberkulose, und es gelang ihm, sein Leiden durch die *unshu*-Übung zu überwinden. *Unshu* bedeutet, die Betonung auf das Ausatmen zu legen: »M-m-m-mmmmm.«

SCHÜLER: Ächzen?

ROSHI: Ächzen? Wenn man leidet, macht man: »m-m-m-mmmmm«.

SCHÜLER: Seufzen?

ROSHI: Nein, nicht seufzen.

SCHÜLER: Stöhnen.

MEHRERE SCHÜLER: Stöhnen.

ROSHI: Stärker – wie ein Tiger, der Schmerzen hat.

SCHÜLER: Knurren?

ROSHI: Knurren? [lacht]
Er sagte immer, man solle so atmen, wie wenn man leidet. Man solle mehr Kraft in den Unterbauch legen und längere Zeit ausatmen. Man solle lautlos »m-m-m-mmmmm« hervorbringen; andernfalls sei das, was man mache, nicht *unshu*. Wiederholt ihr dieses *unshu* so, als littet ihr unter einer physischen oder geistigen Krankheit, und richtet ihr eure Übung auf euer Leiden aus, so kann dies eine gute Übung sein, die sich nicht von *shikantaza* unterscheidet.

Doch konzentriert sich euer Leiden in eurer Brust und ist euer Atem sehr flach, dann ist das sehr schmerzhaft. Wenn ihr ganz und gar leidet, solltet ihr vom Unterbauch aus leiden. »M-m-m-mmmmm.« Das erzeugt ein gutes Gefühl. Es ist wesentlich besser, als nichts von sich zu geben oder einfach nur dazuliegen.

Bischof Yamada hatte bis vor kurzem große Schwierigkeiten. Jetzt hat er sie hoffentlich überwunden. Doch als er in Los Angeles war, litt er viel. Zu jener Zeit hatte ich noch nicht viel Erfahrung mit Leiden und konnte seine Situation deshalb nicht verstehen. Ich konnte mit seiner *unshu*-Übung, die mir wie für Kranke zu sein schien, nichts anfangen. »M-m-m-mmmmm.« – »Was ist das denn für eine Übung?«, dachte ich. Doch schließlich fand ich heraus, warum er diese Übung gewählt hatte, und ich stellte fest, dass sie sehr hilfreich ist. Natürlich wusste er, was Leiden ist. Niemand genießt es zu leiden, doch das Leiden ist nun einmal unser menschliches Los. Deshalb ist es so wichtig, *wie* wir leiden. Wir sollten wissen, wie wir unser menschliches Leiden akzeptieren können, doch sollten wir uns auch nicht völlig vom Leiden einfangen lassen. Vielleicht ging es Bischof Yamada mit seiner Übung darum.

Unsere Übung besteht also darin, die Einheit von *ri* und *ji*, die Einheit von Freude und Leiden, die Einheit der Freude der Erleuchtung in schwierigen Situationen zu finden. Dies wird Mittlerer Weg genannt. Versteht ihr? Wo Leiden ist, ist auch die Freude des Leidens oder Nirvana. Selbst wenn ihr euch im Nirvana befindet, könnt ihr euch nicht vom Leiden befreien. Nirvana ist »die völlige Auslöschung aller Wünsche und Begierden« – aber dazu müssen wir völliges Verstehen erreichen und dementsprechend leben. Das ist Zazen. Ihr sitzt aufrecht. Ihr lehnt euch weder zur Seite des Nirvana noch zur Seite des Leidens. Ihr seid unmittelbar hier. So kann jeder aufrecht sitzen und Zazen üben.

Ich folge Sekitos Gedicht Zeile für Zeile. Doch muss man es eigentlich von Anfang bis Ende in einem Zug durchlesen. Zeile für Zeile darüber zu sprechen ergibt eigentlich nicht viel Sinn. Sekito ist in seiner Schlussfolgerung sehr streng. Ihr könnt ihm nicht entfliehen. Ihr könnt nichts entgegnen, sonst bekommt ihr seinen großen Stock zu spüren. Zu seiner Zeit gab es in der Welt des Zen zu viel Lärm, und darüber wurde er sehr wütend. Im Grunde lautet seine Botschaft: »Ruhe hier!«

Deshalb sollte ich nicht zu lange reden. Vielleicht war das schon zu lang. Entschuldigt bitte.

Zazen repräsentiert das gesamte Universum[*]

Ihr solltet mit eurem ganzen Körper sitzen: mit der Wirbelsäule, dem Mund, den Zehen, den Händen. Überprüft eure Sitzhaltung während des Zazen. Jeder Teil des Körpers sollte Zazen unabhängig oder getrennt üben; eure Zehen sollten unabhängig Zazen üben, eure Hände sollten Zazen unabhängig üben, eure Wirbelsäule und euer Mund sollten Zazen unabhängig üben. Ihr solltet jeden Teil eures Körpers spüren, wie er unabhängig Zazen übt. Jeder Teil eures Körpers sollte voll und ganz am Zazen teilnehmen. Überprüft, ob jeder Teil eures Körpers unabhängig Zazen übt – dies wird *shikantaza* genannt. Zu denken: »Ich übe Zazen« oder: »Mein Körper übt Zazen« ist ein falsches Verständnis. Darin kommt eine ichbezogene Vorstellung zum Ausdruck.

Die Haltung der Hände, euer Mudra, ist besonders wichtig. Ihr solltet nicht das Gefühl haben, dass eure Hände beim vollen Lotossitz auf den Fersen eurer Füße um eurer eigenen Bequemlichkeit willen ruhen. Eure Hände sollten vielmehr ihre eigene, völlig unabhängige Position einnehmen.

Bewegt nicht eure Beine, um es euch gutgehen zu lassen. Eure Beine üben unabhängig ihr eigenes Zazen und sind völlig mit ihrem Schmerz beschäftigt. Sie üben Zazen durch

---

[*] Diesen kurzen Vortrag hielt Suzuki Roshi am Morgen des 28. Juni 1970 zwischen dem zehnten und elften Sandokai-Vortrag.

Schmerz. Ihr solltet es ihnen gestatten, ihr eigenes Zazen zu üben. Wenn ihr meint, »ihr« würdet Zazen üben, so seid ihr in eine egoistische Vorstellung verstrickt.

Denkt ihr, ihr hättet in irgendeinem Teil eures Körpers Schwierigkeiten, sollte der Rest eures Körpers dem Teil, der die Probleme hat, helfen. Ihr habt keine Schwierigkeit mit einem Teil *eures* Körpers, sondern der betreffende Körperteil hat die Schwierigkeiten. Beispielsweise haben eure Hände Probleme. Euer ganzer Körper sollte ihnen helfen, Zazen zu üben.

Das gesamte Universum übt auf die gleiche Weise Zazen wie euer Körper. Wenn alle Teile eures Körpers Zazen üben, dann ist das die Art, wie das Universum Zazen übt. Jeder Berg und jeder Fluss ist in seiner Existenz unabhängig; alle Teile des Universums nehmen an ihrer Übung teil. Der Berg übt unabhängig. Der Fluss übt unabhängig. So übt das gesamte Universum unabhängig.

Seht ihr etwas, denkt ihr vielleicht, ihr beobachtet etwas anderes, außerhalb von euch. Doch tatsächlich beobachtet ihr eure Hände oder euren Zeh. Deshalb repräsentiert Zazen das gesamte Universum. Wir sollten Zazen mit dieser Empfindung üben. Ihr solltet nicht sagen: »Ich übe Zazen mit meinem Körper.« Das ist nicht der Fall.

Dogen Zenji sagt: »Wasser fließt nicht, aber die Brücke fließt.« Ihr sagt vielleicht, dass euer Geist Zazen übt, und ignoriert damit euren Körper – die Übung eures Körpers. Manchmal, wenn ihr denkt, ihr würdet mit unerschütterlichem Geist Zazen üben, ignoriert ihr den Körper; doch ist es wichtig, auch das gegenteilige Verständnis zu entwickeln: Euer Körper übt unerschütterlich Zazen, während euer Geist sich bewegt. Eure Beine üben Zazen mit Schmerzen. Wasser übt Zazen mit Bewegung – doch das Wasser ist still, während es fließt, denn Fließen ist seine Stille, seine Natur. Die Brücke übt Zazen ohne Bewegung.

Lasst das Wasser fließen, denn das ist die Übung des Wassers. Lasst die Brücke bleiben, wo sie ist, denn das ist die Übung der Brücke. Die Brücke übt Zazen; schmerzende Beine üben Zazen; unerschütterliches Zazen übt Zazen. Dies ist unsere Übung.

Wir sollten nicht zu sehr an Worten oder Regeln haften

Hörst du die Worte,
solltest du die Quelle der Lehre verstehen.
Entwickle keine eigenen Maßstäbe.
Erkennst du den Weg nicht mit deinen Augen,
wie sollten dann deine Füße um ihn wissen?

»Die Worte hören« *(koto)* bezieht sich auf alle Worte, Dinge und Ideen, die wir sehen oder hören. *Koto* schließt alles ein. **»Hörst du die Worte, solltest du die Quelle der Lehre verstehen.«** Gewöhnlich fixieren wir uns auf Worte; deshalb fällt es uns schwer, die wahre Bedeutung der Lehre zu verstehen. Wir sagen, Worte seien »der Finger, der auf den Mond deutet«. Worte können die Wahrheit nur andeuten.

Wenn ihr euch auf den Finger fixiert, der auf den Mond deutet, seht ihr den Mond selbst nicht. Wir sollten uns aber nicht auf Worte fixieren, sondern den Sinn hinter den Worten erkennen.

In Sekitos Zeit vermittelte jeder Meister seinen Schülern die Lehren auf seine eigene Weise. Da alle diese Schüler sich an den Worten oder an der spezifischen Vermittlungsmethode ihres jeweiligen Lehrers orientierten, entstanden viele verschiedene Zen-Schulen, und dadurch wurde es für Schüler schwierig, den wahren Weg zu erkennen. Im Grunde war schon die Frage, welcher Weg der richtige sei, ein Fehler. Jeder Lehrer versuchte, die wahre Lehre auf seine spezielle Weise zu vermitteln, doch gingen sie alle von der gleichen Quelle aus, jener Lehre, die sich bis auf den Buddha selbst zurückverfolgen lässt. Sich auf bestimmte Worte zu fixieren, ohne die Quelle der Lehre zu kennen, ist ein Fehler, doch genau das taten die Lehrer zu Sekitos Lebzeiten. Und mit dieser Einstellung studierten die Schüler in jener Zeit Zen. Deshalb sagt Sekito: »**Hörst du die Worte, solltest du die Quelle der Lehre verstehen**«, die seit der Zeit des Buddha übermittelt worden ist und die über die spezifische Art jedes einzelnen Lehrers, die Wahrheit zum Ausdruck zu bringen oder auf sie zu deuten, weit hinausgeht.

Der nächste Satz lautet: »**Entwickle keine eigenen Maßstäbe.**« Ihr solltet keine eigenen Regeln oder Gesetze aufstellen und euch dann an ihnen orientieren oder euch an sie gebunden fühlen. Doch genau das tun die meisten Menschen. Wenn ihr sagt: »Das ist richtig!« oder: »Das ist falsch!«, stellt ihr Maßstäbe auf. Und dann orientiert ihr euch natürlich auch an diesen Maßstäben und fühlt euch daran gebunden. Deshalb hat sich Zen in so viele Schulen aufgespalten – Soto, Rinzai, Obaku, Ummon, Hogen und Igyo. Ursprünglich existierte nur eine Lehre, doch viele Lehrer oder ihre Schüler etablierten eine Schule, und die Schüler orientierten sich dann am »Weg ihrer Familie« und fühlten sich daran gebunden. Sie verstanden die Lehre des Buddha auf ihre eigene Weise, fixierten sich auf dieses Verständnis und glaubten, dies sei die Lehre des Buddha. Mit anderen Worten: Sie fixierten sich auf den Finger, der auf den Mond weist. Wenn drei Lehrer auf den Mond weisen, zeigt jeder mit seinem eigenen Finger darauf, und schon sind drei Schulen entstanden – obwohl es nach wie vor nur einen Mond gibt. Deshalb sagt Sekito: »**Entwickle keine eigenen Maßstäbe.**«

Dies ist sehr wichtig für unsere Praxis. Wir tendieren dazu, unsere eigenen Regeln zu entwickeln. »Dies ist die Regel von Tassajara«, sagt ihr vielleicht. Doch Regeln sind die Finger, die darauf weisen, wie wir uns in Tassajara der aktuellen Situation entsprechend auf adäquate Weise der Übung widmen können. Regeln sind wichtig, doch solltet ihr nicht denken: »Das ist der einzig richtige Weg. Das ist die wahre, dauerhafte Lehre. Die Regeln der anderen sind falsch.« Ihr solltet euch nicht auf euer Verständnis der Dinge fixieren. Etwas, das für den einen Menschen gut ist, ist nicht immer für alle gut. Deshalb solltet ihr euch davor hüten, spezifische Regeln für alle aufzustellen. Regeln sind wichtig, doch wenn ihr euch auf sie versteift und sie anderen aufzwingt, kreiert ihr ein auf bestimmte Regeln festgelegtes Establishment.

Wollt ihr in ein Kloster eintreten, so solltet ihr nicht sagen: »Ich habe meine eigene Methode.« Wenn ihr nach Tassajara kommt, solltet ihr euch an die Regeln von Tassajara halten, statt euren eigenen Regeln zu folgen. Den gerade am Himmel stehenden Mond durch die Regeln von Tassajara zu sehen, das ist der Weg, in Tassajara zu üben. Regeln sind nicht das Entscheidende. Letztlich geht es um die Lehre. Regeln versuchen lediglich, den Geist der Lehre zum Ausdruck zu bringen. Durch Orientierung an den Regeln werdet ihr allmählich auf ganz natürliche Weise die Lehre verstehen.

Wahrscheinlich haben wir alle diesen Punkt am Anfang falsch verstanden. Die meisten Menschen wenden sich dem Studium des Zen zu, um herauszufinden, was Zen ist. Schon das ist falsch. Es bedeutet, dass sie unablässig versuchen, aus ihrer eigenen Perspektive ein Verständnis oder Regeln zu entwickeln.

Zen sollte so studiert werden, wie ein Fisch seine Nahrung aufnimmt – schnapp! Fische versuchen nicht, irgendetwas zu fangen. Sie schwimmen einfach umher, und wenn sie auf etwas Nahrhaftes stoßen ... schnapp! Obwohl es zurzeit sehr warm ist, haltet ihr euch an die Tassajara-Regeln und esst im warmen Zendo, wie ein Fisch, der umherschwimmt – kommt etwas Leckeres vorüber ... schnapp! Und wenn ihr euch so verhaltet, werdet ihr in jedem Fall etwas bekommen. Ich weiß nicht, ob euch das klar ist, aber solange ihr den Regeln folgt, werdet ihr etwas bekommen. Obwohl ihr kein greifbares Resultat in der Hand habt und nichts studiert, studiert ihr, so wie ein Fisch, der nicht zu wissen scheint, was er isst. So sollten wir studieren. Verstehen bedeutet nicht unbedingt, etwas mit Hilfe des Kopfs zu verstehen.

Wenn ihr einen Zen-Schüler fragt: »Was ist gut?«, sagt er vielleicht: »Etwas, das du tust, ist gut, und etwas, das du nicht tust, ist schlecht.« Das ist alles. Wir denken nicht so viel über gut und schlecht nach. Dogen Zenji sagt: »Die Kraft von ›Nicht-Tun‹ ist gut.« Dies ist etwas Intuitives, unsere innerste Funktion, unsere angeborene Natur. Unsere angeborene Natur hat eine gewisse Funktion, bevor wir Dinge als »gut« oder »schlecht« bezeichnen. Diese Funktion zeigt sich manchmal als etwas Gutes, manchmal als etwas Schlechtes. So verstehen wir die Dinge. Doch unsere angeborene Natur befindet sich jenseits der Vorstellung von gut oder schlecht. Wenn ihr euch fragt, warum wir bei einer solchen Hitze Zazen üben, so ist das für euch der erste Schritt auf dem Weg, eure Verwirrung zu erkennen. Wir sollten wie ein Fisch sein, der ständig im Fluss herumschwimmt. So verhält sich ein Zen-Schüler. Dogen Zenji hat gesagt: »Der Vogel braucht die Grenze des Himmels nicht zu kennen, bevor er am Himmel umherfliegt, und er braucht auch nicht zu wissen, was der Himmel ist.« Vögel fliegen einfach durch den weiten Himmel. Das ist die Art, wie wir Zazen üben.

Ihr solltet also nicht versuchen, eigene Regeln aufzustellen. Diese Worte klingen sehr streng. Es mag so scheinen, als würden sie nicht viel bedeuten, doch wenn Sekito so etwas sagt, dann hält er einen großen Stock bereit. Sobald ihr etwas sagt, antwortet er: »Stellt keine eigenen Regeln auf!« – »Versucht nicht, mit eurem Kopf zu verstehen!« So erwartet er euch. Und wenn er dies sagt, können wir darauf nichts entgegnen.

»*Hai!*« (»Ja!«) Mehr nicht. Ihr braucht nicht einmal »*Hai!*« zu sagen. Ihr solltet tun, was von euch erwartet wird, so wie ein Maultier oder ein Esel.

Vielleicht meint ihr: »Das wäre ja die völlige Unterwerfung.« Aber das ist es nicht; es ist einfach die Art, wie ihr die Quelle der Lehre verstehen könnt. Das Schriftzeichen *shu* bedeutet »die Quelle der Lehre«. Wir werden uns natürlich fragen, was diese Quelle ist. Sie ist nichts, was ihr mit Hilfe von Worten verstehen könnt, sondern etwas, wozu ihr Zugang habt, wenn ihr Dinge ganz natürlich und intuitiv tut, ohne von gut oder schlecht zu sprechen. Die Zeit geht immer weiter, und wir haben nicht die Zeit, »gut« oder »schlecht« zu sagen. Wir sollten dem Fluss der Zeit von Augenblick zu Augenblick folgen und stets im Einklang mit der Zeit sein. Werdet ihr es müde, etwas zu tun, so fangt ihr vielleicht an, über »diesen Weg« oder »jenen Weg« zu sprechen, einfach um die Zeit totzuschlagen. Doch wenn ihr das Gemüse im Garten seht, das in der Hitze fast völlig vertrocknet ist, habt ihr nicht viel Zeit, darüber zu diskutieren, was heute am besten getan werden sollte. Während wir darüber diskutieren, werdet ihr immer hungriger. Deshalb sollten die Küchenarbeiter in die Küche gehen und Essen für die nächste Mahlzeit zubereiten. Das ist das Wichtigste. Dennoch ist es keine Zeitverschwendung, über Dinge nachzudenken. Es ist gut, über Dinge nachzudenken, doch wäre es nicht gut, wenn wir uns zu sehr auf Worte und Regeln fixierten. Dies ist eine sehr subtile Angelegenheit. Ohne die Regeln einerseits zu ignorieren und ohne uns andererseits auf sie zu fixieren, sollten wir mit unserer Tassajara-Praxis fortfahren. Dazu fordert Sekito uns auf.

Dann sagt er: »**Erkennst du den Weg nicht mit deinen Augen, wie sollten dann deine Füße um ihn wissen?**« Die einzige Möglichkeit, die ihr habt, ist, eure fünf Sinnesorgane zu benutzen, wo immer ihr seid. Indem ihr dies tut, versteht ihr die Quelle der Lehre. Tut ihr es nicht, könnt ihr den wahren

Weg nicht erkennen, selbst wenn ihr »eure Füße bewegt« (euch der Übung widmet).

Das Wichtigste ist also nicht, die Regeln einzuhalten, sondern, mit den eigenen Augen und Ohren die wahre Quelle der Lehre zu finden, wo auch immer ihr seid. Dies ist eine direktere Art, die Quelle der Lehre zu erkennen, als der Versuch, für sich selbst einen speziellen Weg zu finden. Wenn ihr euch auf Worte fixiert, wenn ihr den wahren Weg nicht mit eigenen Augen und Ohren erkennt oder wenn ihr euch an Regeln haltet und die direkte Erfahrung des alltäglichen Lebens ignoriert, so führt dies zu nichts, selbst wenn ihr Zazen übt. Das Wichtigste ist die direkte Erfahrung des Alltagslebens. *Dadurch* gelangen wir zum Verständnis der Quelle der Lehre, die vom Buddha übermittelt worden ist – also nicht dadurch, dass wir an »Rinzai« oder »Soto« oder »diesen Weg« oder »jenen Weg« denken.

Der wahre Weg kann ein Stock sein. Der ursprüngliche Weg des Buddha könnte ein Stein sein. Meister Ummon hat gesagt: »Er kann Toilettenpapier sein.« Was ist der wahre Weg? Was ist Buddha? Buddha ist etwas, das unser Verständnisvermögen übersteigt. Buddha könnte alles sein. Statt des Wortes »Buddha« könnten wir auch einfach sagen »Toilettenpapier« oder »drei Pfund Flachs«, so wie Tozan es getan hat. Wenn euch also jemand fragt: »Wer ist der Buddha?«, könnte die Antwort lauten: »Auch du bist Buddha.« Und wenn dann jemand fragt: »Was ist der Berg?«, könntet ihr antworten: »Auch der Berg ist Buddha.« Im Japanischen sagen wir *momata* – »auch«. Ihr solltet nicht nur einfach sagen: »Das ist Buddha«, denn eine solche Aussage kann zu einem Missverständnis führen. Wenn ihr hingegen sagt: »Das ist auch Buddha«, so ist das in Ordnung. Fragt jemand: »Wo ist Buddha?«, könntet ihr sagen: »Hier ist Buddha auch.« »Auch« ist nicht so endgültig. Buddha könnte auch irgendwo anders sein.

Das Geheimnis der perfekten Zen-Aussage ist: »Es ist nicht immer so.« Solange ihr in Tassajara seid, sind dies unsere Regeln, aber sie sind es nicht immer. Das solltet ihr nie vergessen. Es ist auch die Regel des Buddha. Wenn euch dies klar ist, besteht keine Gefahr, und ihr werdet keine Missverständnisse heraufbeschwören. Auf diese Weise kommt ihr von der ichbezogenen Übung weg. Obgleich ihr meint, ihr würdet den Weg des Buddha üben, tendiert ihr zur ichbezogenen Übung, wenn ihr sagt: »Der Weg sollte so sein.« Ihr solltet definitiv sagen: »Das ist unser Tassajara-Weg.« Doch solltet ihr auch bereit sein, andere Möglichkeiten zu akzeptieren.

Es ist sehr schwierig, einerseits starkes Vertrauen in die eigene Übung zu haben und andererseits so flexibel zu sein, auch andere Wege zu akzeptieren. Vielleicht habt ihr das Gefühl, wenn ihr bereit wäret, die Lehren eines anderen zu akzeptieren, so ließe sich dies mit einem ernsthaften Engagement für den eigenen Weg nicht vereinbaren. Doch seid ihr nicht bereit, die Übung eines anderen zu akzeptieren, könnt ihr euch nicht strikt an euren eigenen Weg halten, denn dann wird eure Striktheit zum Starrsinn. Nur wenn ihr bereit seid, die Meinung eines anderen zu akzeptieren, könnt ihr sagen: »So solltest du es machen!« Wenn jemand anders kommt, können wir uns seinen Weg anschauen. Andernfalls könntet ihr nicht so strikt euch selbst gegenüber sein.

Gewöhnlich wird Striktheit mit Starrheit gleichgesetzt, damit, dass Menschen Sklaven ihres eigenen Verständnisses sind und den Sichtweisen anderer Menschen keinen Raum geben. Fragte jemand meinen Meister nach seiner Meinung über irgendetwas, so antwortete er stets: »Wenn du mich fragst, meine Meinung dazu ist das!« [Schlägt mit seinem Stock auf den Tisch.] Er war bei solchen Äußerungen immer sehr stark. Das konnte er, weil er zuerst sagte: »Wenn du mich fragst.« Das ist unsere Art, die Dinge zu sehen. Einfach man selbst sein bedeutet, dass man bereit ist, auch die Meinung eines anderen zu akzeptieren. Ihr solltet in jedem Augenblick intuitiv wissen, was zu tun ist, aber deshalb nie die Meinung anderer ignorieren.

Das Tao, der Weg, offenbart sich im alltäglichen Leben. Wenn ihr euch nicht in eurem alltäglichen Tun der Übung widmet, werdet ihr den wahren Weg nicht finden. Das sagt Sekito. Fixiert euch nicht auf Worte. Stellt keine eigenen Regeln auf, und zwingt anderen keine Regeln auf. Es ist sowieso nicht möglich, anderen Regeln aufzuzwingen, weil jeder Mensch seinen eigenen Weg hat und seinen eigenen Weg haben sollte.

Vergeudet eure Zeit nicht

In der Übung fortschreiten ist weder fern noch nah.
Im Zustand der Täuschung bist du Berge und Flüsse
davon entfernt.
Ich fordere alle Sucher der Wahrheit ehrerbietig auf:
Vergeudet eure Tage und Nächte nicht.

»**In der Übung fortschreiten ist weder fern noch nah.**« Dies ist sehr wichtig. Wenn eure Übung ichbezogen ist, habt ihr gewisse Vorstellungen über das zu Erreichende. Und bei dem Versuch, ein Ziel oder Erleuchtung zu erreichen, habt ihr natürlicherweise eine Vorstellung über »weit entfernt«. – Ihr denkt dann: »Ich bin weit von jenem Ziel entfernt« oder: »Ich bin nun fast am Ziel«. Doch wenn ihr wirklich unserem Weg folgt, ist die Erleuchtung genau da, wo ihr seid. Wahrscheinlich fällt es euch schwer, dies zu akzeptieren. Wenn ihr Zazen übt, ohne irgendeine Vorstellung über Erreichen zu haben, dann ist wahre Erleuchtung da.

Dogen Zenji erklärte, dass in unserer ichbezogenen Übung sowohl Erleuchtung als auch Übung ist. Übung und Erleuchtung sind gegensätzliche Vorstellungen, und beide sind Phänomene, mit denen wir in unserem Leben konfrontiert werden. Doch wenn wir Übung und Erleuchtung als zwei Phänomene verstehen, die im Bereich der großen Dharma-Welt erscheinen, dann ist Erleuchtung etwas, das die große Dharma-Welt symbolisiert, und auch Übung ist etwas, das die große Dharma-Welt symbolisiert. Wenn beide die große Dharma-Welt ausdrücken oder auf diese verweisen, besteht kein Grund, entmutigt zu sein, weil wir die Erleuchtung nicht erlangen. Und wir sollten auch nicht extrem glücklich sein, weil wir sie erlangen, denn zwischen beidem besteht kein Unterschied. Übung und Erleuchtung sind von gleichem Wert.

Ist also die Erleuchtung wichtig, so gilt dies auch für die Übung. Verstehen wir das, manifestiert sich Erleuchtung in jedem unserer Schritte. Doch besteht kein Grund, darüber besonders erfreut zu sein. Schritt für Schritt gehen wir den endlosen Weg der Übung und genießen die Freuden der Dharma-Welt. Das ist gemeint, wenn von Übung auf der Grundlage der Erleuchtung die Rede ist – eine Übung, die jenseits unserer Erfahrung von Gut oder Böse, jenseits unserer ichbezogenen Übung liegt.

Sekito sagt: »Was auch immer du siehst, ist das Tao.« Versteht ihr dies nicht, wird eure gesamte Übung zu nichts führen. Deshalb sagt er: »Wenn du unseren Weg im wahren Sinne übst, ist es kein Problem, ob du noch weit vom Ziel entfernt oder schon fast dort bist.« Die Übung des Anfängers und die des großen Zen-Meisters unterscheiden sich nicht voneinander. Doch wenn eure Übung ichbezogen ist, unterliegt ihr der Täuschung.

In der nächsten Zeile sagt er: Wenn du dem Weg im Sinne eines dualistischen Verständnisses von Übung und Erleuchtung folgst, werden dich Schwierigkeiten vom Tao trennen, die so gewaltig sind wie das Überqueren von Bergen und Flüssen.

Dann fährt er fort: »**Ich fordere alle Sucher der Wahrheit ehrerbietig auf: Vergeudet eure Zeit nicht.**« Auch wenn ihr manchmal sehr hart arbeiten mögt, könnt ihr wertvolle Zeit verstreichen lassen, in der ihr eigentlich nichts tut. Wenn ihr nicht wisst, was ihr tut, könnte jemand zu euch sagen: »Du vergeudest deine Zeit.« Darauf könntet ihr antworten: »Nein, ich gebe mir große Mühe, 10.000 Dollar zusammenzusparen«, was den Kritiker vielleicht nicht sonderlich beeindruckt, weil ihm dieses Ziel nicht besonders sinnvoll erscheint. Aber auch wenn ihr in Tassajara während der Arbeitsstunden sehr hart arbeitet, bedeutet dies nicht unbedingt, dass ihr das, was ihr tut, auch richtig macht. Was heißt das? Wenn ihr herumtrödelt, vergeudet ihr eure Zeit; und selbst wenn ihr hart arbeitet, könnt ihr Zeit vertun. Das ist eine Art Koan für euch.

»Jeder Tag ist ein guter Tag.« Damit meine ich nicht, dass ihr euch nicht beklagen sollt, wenn ihr Schwierigkeiten habt. Es bedeutet: »Vergeudet keine Zeit.« Meiner Meinung nach vergeuden die meisten Menschen ihre Zeit. »Nein, ich bin immer beschäftigt«, sagen sie vielleicht. Doch wenn jemand dies sagt, so ist das ein sicheres Anzeichen dafür, dass der Betreffende seine Zeit vergeudet. Die meisten Menschen tun Dinge mit einem Gefühl der Zielgerichtetheit, so als wüssten sie ganz genau, was sie tun. Dennoch glaube ich nicht, dass sie ihre Aktivität auf wirklich adäquate Weise verstehen. Ich glaube, dass sie ihren Aktivitäten meist in wenig sinnvoller Weise nachgehen.

Handelt ihr mit einer bestimmten Absicht, die auf einer Einschätzung dessen beruht, was nützlich oder sinnlos, gut oder schlecht, wertvoll oder weniger wertvoll ist, so zeugt das nicht von vollkommenem Verstehen. Wenn ihr Dinge unabhängig davon tut, ob sie gut oder schlecht, erfolgversprechend oder nicht erfolgversprechend sind, wenn ihr handelt, weil euer Gefühl euch sagt, dass ihr so handeln solltet, so ist das wahre Übung. Tut ihr Dinge nicht wegen des Buddha oder der Wahrheit oder um eurer selbst oder anderer willen, sondern um der Dinge selbst willen, so ist das der wahre Weg.

Ich kann dies nicht so gut erklären. Vielleicht sollte ich nicht so viel erklären. Ihr solltet Dinge nicht einfach deshalb tun, weil ihr euch gut dabei fühlt, und ihr solltet Dinge auch nicht unterlassen, nur weil ihr euch schlecht dabei fühlt. Ganz gleich, ob ihr euch gut oder schlecht bei etwas fühlt, gewisse Dinge solltet ihr tun. Wenn ihr diese Art von Gefühl für die

Angemessenheit eures Tuns nicht habt, habt ihr noch nicht damit begonnen, im wahren Sinne unseren Weg zu gehen.

Ich weiß nicht, warum ich in Tassajara bin. Ich bin weder für euch noch für mich, noch für den Buddha oder den Buddhismus hier. Ich bin einfach hier. Doch wenn ich mir vorstelle, dass ich Tassajara in zwei oder drei Wochen verlassen müsste, fühle ich mich nicht so gut. Ich weiß nicht, warum. Ich glaube nicht, dass das nur deshalb so ist, weil ihr meine Schüler seid. Es gibt keine bestimmte Person, die ich besonders liebe. Ich weiß nicht, warum ich hier sein muss. Es ist nicht, weil ich an Tassajara hafte. Ich hege keine Zukunftserwartungen bezüglich eines Klosters oder des Buddhismus. Aber ich möchte nicht irgendwo hoch oben im Wolkenkuckucksheim leben. Ich möchte hier sein. Ich möchte auf meinen Füßen stehen.

Die einzige Möglichkeit, auf meinen Füßen zu stehen, wenn ich in Tassajara bin, ist, zu sitzen. Das ist der Grund, weshalb ich hier bin. Auf meinen Füßen stehen und auf meinem schwarzen Kissen sitzen sind für mich die wichtigsten Dinge. Ich vertraue ausschließlich meinen Füßen und meinem schwarzen Kissen; sie sind mir immer zuverlässige Freunde gewesen. Meine Füße sind immer meine Freunde. Wenn ich im Bett liege, ist mein Bett mein Freund; da ist kein Buddha, kein Buddhismus und kein Zazen. Wenn ihr mich fragt: »Was ist Zazen?«, so werde ich antworten: »Auf meinem schwarzen Kissen sitzen« oder: »Mit meinen Füßen gehen«. In diesem Augenblick an diesem Ort zu sein, das ist mein Zazen. Es gibt kein anderes Zazen. Wenn ich wirklich auf meinen Füßen stehe, bin ich nicht verloren. Für mich ist das Nirvana.

Es gibt keinen Grund zu reisen, Berge oder Flüsse zu überqueren. Ich bin hier, in der Dharma-Welt; deshalb habe ich keine Probleme damit, Berge und Flüsse zu überqueren. Auf diese Weise können wir verhindern, dass wir Zeit vertun. Augenblick für Augenblick sollten wir genau hier leben, ohne diesen Augenblick für die Zukunft zu opfern.

Zu Sekitos Zeit war die Welt des Zen-Buddhismus in China sehr streitlustig. Im Hintergrund der Belehrungen fanden ständig irgendwelche Diskussionen oder Kämpfe statt. Oft verstrickten sich die Zen-Anhänger in derartigen Disputen so, dass sie das Wesentliche aus den Augen verloren. Es gab damals viele verschiedene Zen-Schulen. Doch sie waren häufig in irgendwelche Vorstellungen über die »richtige Lehre« oder die »falsche Lehre« oder die »traditionelle Lehre« oder die »häretische Lehre« verstrickt und verloren dadurch den entscheidenden Aspekt – ihre Übung – aus den Augen. Deshalb sagt Sekito: **»Vergeudet eure Tage und Nächte nicht.«** Opfert eure tatsächliche gegenwärtige Übung nicht irgendeiner idealistischen Vorstellung über die Übung, indem ihr euch darum bemüht, einen Zustand der Vollkommenheit zu erreichen, indem ihr herauszufinden versucht, welche Anschauung der Sechste Patriarch nun tatsächlich gelehrt hat.

Seine Schüler schrieben das *Plattform-Sutra* in unterschiedlichen Versionen nieder, und sie sagten: »Das ist der Weg des Sechsten Patriarchen. Diejenigen, die dieses Buch nicht haben, sind nicht seine Nachfahren.« Diese Art von Zen-Verständnis dominierte in jener Zeit. Deshalb sagt Sekito: **»Ich fordere alle Sucher der Wahrheit ehrerbietig auf: Vergeudet eure Tage und Nächte nicht.«** Unserer Übung auf die rechte Weise zu folgen bedeutet, sich nicht von Vorstellungen einfangen zu lassen, die auf einem ichbezogenen Verständnis der Übung oder der Lehren beruhen.

Diese Art der Übung wird »Praxis des Ziegelpolierens« genannt. Gewöhnlich polieren Menschen einen Spiegel, weil er dadurch zu einem klaren, guten Spiegel wird. Versucht hingegen jemand, einen Ziegel zu polieren, so lacht ihr ihn möglicherweise aus. Doch ein Ziegel muss poliert werden, um ein guter Ziegel sein zu können, und ein Spiegel kann nur dann die Funktion eines Spiegels erfüllen, wenn er poliert worden ist.

Jemand könnte sagen: »Das ist doch nur ein Ziegel. Er kann niemals ein Spiegel werden.« Das ist die Übung derjenigen, die leicht aufgeben, weil sie denken: »Ich kann kein guter Zen-Schüler sein; deshalb muss ich aufgeben, ohne zu polieren, ohne Zazen zu üben.« Ihnen ist nicht klar, dass ein Ziegel manchmal wesentlich wertvoller ist als ein Spiegel, denn es wäre viel zu teuer, ein Dach mit Spiegeln zu decken. Niemand kann es sich leisten, ein Dach mit Spiegeln decken zu lassen. Ziegel hingegen eignen sich sehr gut zum Dachdecken, so wie wir einen Spiegel brauchen, um uns selbst anschauen zu können. Das ist die »Praxis des Ziegelpolierens«.

Wie ihr wohl wisst, gibt es eine berühmte Geschichte über Nangaku, einen Schüler des Sechsten Patriarchen, und Basho, einen »Enkel« des Sechsten Patriarchen. Basho übte Zazen, und Nangaku, sein Lehrer, kam des Weges und fragte: »Was tust du da?« – »Ich übe Zazen.« – »Warum tust du das?«, fragte Nangaku weiter. »Um ein Buddha zu werden«, erwiderte Basho. »Es ist sehr gut, dass du versuchst, ein Buddha zu werden«, antwortete Nangaku. Dann hob er einen Ziegel auf und fing an, ihn zu polieren.

Als Basho dies sah, fragte er ihn neugierig: »Was tust du da?« Nangaku antwortete: »Ich möchte aus diesem Ziegel einen Spiegel machen.« Sein Schüler fragte ihn, ob es möglich sei, aus einem Ziegel einen Spiegel zu machen. Nangaku antwortete: »Du hast gesagt, du würdest Zazen üben, um ein Buddha zu werden, doch Buddha ist nicht immer jemand, der Erleuchtung erlangt hat. Jeder ist Buddha, ob er nun Erleuchtung erlangt hat oder nicht.«

Daraufhin fuhr Basho fort: »Ich möchte durch die Sitzübung ein Buddha werden.« Und sein Lehrer antwortete: »Du hast von der Übung in Sitzhaltung gesprochen. Doch zu sitzen ist nicht immer Zen. Was auch immer du tun magst, ist Zazen.« Verwirrt fragte Basho: »Was ist dann die angemessene Übung?« Nangaku erklärte Basho dies nicht, sondern fragte ihn: »Wenn ein Karren nicht fährt, welches Mittel wäre dann wohl geeignet, ihn in Bewegung zu setzen: den Karren zu schlagen oder das Pferd zu schlagen?« Doch Basho konnte diese Frage nicht beantworten, weil er immer noch darauf fixiert war, zu üben, um etwas zu erreichen.

Deshalb fuhr Nangaku mit seiner Erklärung der Übung fort. Ich kann es nicht wortwörtlich wiedergeben, doch verkürzt ausgedrückt sagte er: »Wenn du herauszufinden versuchst, was besser ist, das Pferd zu schlagen oder den Karren zu schlagen, dann ist das Ergebnis in jedem Fall falsch, weil Karren und Pferd nicht voneinander getrennt werden können; beide sind eins.«

Übung und Erleuchtung sind eins, so wie Karren und Pferd eins sind. Widmet ihr euch also tatsächlich der physischen Übung, so ist auch das Erleuchtung. Wir nennen die Übung, die auf der Erleuchtung basiert, die »wahre Übung, die kein Ende hat«. Und wir nennen die Erleuchtung, die mit der Übung beginnt und die mit der Übung eins ist, »anfanglose Erleuchtung«. Wenn jemand zu üben beginnt, ist Erleuchtung da, und wo Erleuchtung ist, da ist auch Übung. Es gibt keine Erleuchtung ohne Übung. Wenn ihr euch an diesem Punkt nicht über eure Position klar werdet, übt ihr nicht im Sinne unseres Weges. Deshalb verschwendet ihr Zeit, wenn ihr eure gegenwärtige Zeit zugunsten eines in der Zukunft liegenden Ziels opfert. Das ist nicht die wahre Übung.

Sekito war ein direkte Schüler des Sechsten Patriarchen, und er kannte dessen Übung sehr gut. Als dann Kataku Jinne und seine Schüler anfingen, Jinshus Nördliche Schule schlechtzumachen, war Sekito sehr betroffen davon, wie besessen sie von einer bloßen Vorstellung waren, ohne die wahre Übung realisiert zu haben. Seine Sichtweise übernahm in Japan Dogen Zenji. Dogen erweiterte sie mit Hilfe seiner scharfen Denkfähigkeit nicht nur in logischer Hinsicht, sondern er bereicherte sie auch um eine emotionale und eine poetische Komponente.

Manche Leute kritisieren am *Sandokai,* dass es zu philosophisch sei. Dieser Eindruck liegt nahe, sofern man die Hintergründe der Entstehungsgeschichte dieses Lehrgedichts von Sekito nicht kennt und man nicht zum Sinn hinter seinen Worten vorzustoßen vermag. Wir sagen: »Die Rückseite des Papiers lesen«, also nicht die bedruckte Seite, sondern die andere Seite. Es ist ungeheuer wichtig für uns, Sekitos *Sandokai* zu verstehen.

Fragen

SCHÜLER: Im Zusammenhang mit dem, was Sie heute gesagt haben, verstehe ich die Gelübde nicht. Wenn es keine fühlenden Wesen gibt, warum geloben wir dann, sie zu retten? Das klingt alles wie ein großer Witz.

ROSHI: Das ist so, weil deine Übung auf den Aspekt des »Warum üben wir Zazen? Was bedeutet dies?« beschränkt ist. Eigentlich ist deine Übung sehr gut. Warum ist sie so gut? Ich verstehe es nicht.

SCHÜLER: Ich selbst habe nicht das Gefühl, dass sie so gut ist.

ROSHI: Du machst deine Sache gut. Vielleicht wirkt mein Vortrag wie eine Art Verführung. Vielleicht wäre es besser für dich, meine Vorträge nicht zu hören und stattdessen einfach Zazen zu üben.

SCHÜLER: Es macht mir nichts aus, Zazen zu üben, aber es gefällt mir nicht, Versprechen zu geben, die ich nicht verstehe.

ROSHI: Wenn die fühlenden Wesen zahllos sind oder die Wünsche und Begierden unerschöpflich, kannst du nicht sagen: »Ich gelobe, sie zu retten.« Unser Versprechen ist ziemlich einfältig. Es ergibt keinerlei Sinn. Ich bin völlig deiner Meinung. Aber du gibst es trotzdem. Warum? Weil du dich nicht so gut fühlst, wenn du nicht für andere tätig bist.

Wir legen die vier Gelübde ab, aber was wir damit meinen, geht über die Gelübde selbst hinaus. Der Einfachheit halber beschränken wir uns auf diese vier. Doch im Grunde fühle ich mich sehr glücklich, dass wir unerschöpfliche Wünsche haben, dass es zahllose fühlende Wesen gibt, die gerettet werden müssen, und dass es fast unmöglich ist, jedes von ihnen im Sinne von »Ich rette dich« zu retten. Auf diese Weise könnt ihr sie nicht retten. Ob es möglich ist oder nicht, ob dies der »buddhistische Weg« oder der »Bodhisattva-Pfad« oder der »Hinayana-« oder »Mahayana-Pfad« ist, darum geht es nicht. Es geht darum, es ganz einfach zu tun! Unser Gelübde beinhaltet, dass wir diese Art der Übung unablässig fortsetzen wollen.

SCHÜLER: Wenn ich verspreche, etwas zu tun, muss es einen Sinn haben. Wenn es keinen Sinn hat, kann ich es nicht versprechen.

ROSHI: Darin liegt deine Arroganz.

SCHÜLER: Ich weiß nicht, vielleicht, aber ...

ROSHI: Auch wenn du weinst. Dieses Weinen hat keinen Sinn. Deine Bemühung basiert immer noch auf einer ichbezogenen Übung. Du gibst dich selbst nicht auf. Du musst noch mehr leiden und noch mehr mit dir selbst kämpfen. Es gibt niemanden und nichts zu bekämpfen. Kämpfe mit deiner ichbezogenen Übung, bis du aufgibst. Das ist für echte Schüler das Wichtigste. Sie sollten sich nicht selbst zum Narren halten. Sie wollen nicht durch unsere Lehre oder durch Zen oder durch irgendetwas zum Narren gehalten werden. Das ist völlig in Ordnung. Sie sollten sich durch nichts zum Narren machen lassen.

SCHÜLER: Was soll ich denn nun nach dem Ende dieses Vortrags tun? Alle werden dann die vier Gelübde rezitieren, und ich glaube nicht an sie.

Roshi: Du brauchst nicht buchstäblich an sie zu glauben. Da viele verschiedene Lehrer und zahlreiche Menschen sie rezitieren, solltest auch du dies tun. Wenn alle diese Menschen sich täuschen, solltest auch du dich täuschen; du solltest dich zusammen mit allen fühlenden Wesen zum Narren machen. Wenn du meinst, du könntest das nicht, so bedeutet dies, dass du jemand Besonderes sein möchtest. Das ist gut. So viel Schneid sollten wir haben; aber das ist nicht unser Weg. Meine Antwort ist sehr kalt. Ich kann deine Übung nicht gutheißen. Vielleicht wird irgendein großer Lehrer dir dafür ein Zuckerstückchen geben. Geh und hol es dir!

Schüler: So ist das nicht, Roshi. Vielleicht ist da etwas Wahres dran, aber ich verstehe es wirklich immer noch nicht. Ich fühle mich einfach unwohl bei den Gelübden. Selbst wenn die ganze Welt zum Narren gehalten wird, wenn irgendetwas daran ist, woran ich nicht glaube oder das ich nicht verstehe ...

Roshi: Du verstehst nicht. Du siehst verschiedene Farben; aber wie viele Farben siehst du mit deinen Augen? Wie viele Klänge kannst du hören? Wie viel kannst du mit deinem kleinen Geist verstehen? Du solltest dir über die Grenzen deines Denkvermögens im Klaren sein. Dein Denken funktioniert nur dualistisch. Deine Worte vermögen diese Art von Realität nicht zu erklären. Es ist fast unmöglich, unsere Lehre mit Hilfe von Worten zu verstehen. Doch weil du dich an meinen Worten oder an den Schriften orientierst, meinst du, die Schriften sollten vollkommen sein, sie sollten überzeugender sein. So denkst du. Ich muss gestehen, dass das, was ich sage, nicht immer richtig ist, nicht immer wahr ist. Ich weise auf etwas hin, das über die dualistische Ebene hinausgeht. Nicht nur Buddha, sondern auch Konfuzius hat gesagt: »Wenn jemand dich zum Narren halten will, solltest du dich von ihm zum Narren halten lassen.« Das ist sehr wichtig.

SCHÜLER: Obwohl die Übung größer ist als die Worte, fühle ich mich in der kleinen Welt der Worte noch nicht stark genug, um eine solche Widersprüchlichkeit akzeptieren zu können. Wenn ich zu Ihnen sage: »Ich sehe diese Lampe nicht, Roshi«, dann passiert etwas Merkwürdiges in mir, und manchmal geschieht das Gleiche auch in mir, wenn ich die Gelübde spreche. Ich denke: »Okay, ich gelobe, alle fühlenden Wesen zu retten«, doch dann geschieht etwas in mir, das nicht ...

ROSHI: Ich verstehe, was du meinst. Du weißt sicher, dass wir Priester, wenn wir uns begegnen, immer die Hände in Gassho zusammenlegen. Wie oft hast du in Tassajara deine Hände zusammengelegt? Als ich noch jung war, gefiel mir das ganz und gar nicht. Ich kam mir dann vor, als würde ich mich selbst zum Narren machen, und ich fühlte mich nicht gut dabei. Doch da ich es nun einmal tun musste, tat ich es eben. Doch jetzt verstehe ich es, weil ich verstehe, wie töricht ich bin. Ich habe nicht mehr so viel Elan wie früher. Aber trotzdem ist die Wahrheit die Wahrheit, und ich kann dir jetzt nicht zustimmen. Wenn ich in deinem Alter wäre, hätte ich vielleicht kein Problem damit, dir zuzustimmen, und wir wären dann gute Freunde. Aber jetzt bin ich nicht dein Freund.

SCHÜLER: Roshi, meinen Sie, dass wir überhaupt irgendeine Wahl haben? Bin ich beispielsweise aus eigener Entscheidung hier in Tassajara, oder bin ich einfach hier in Tassajara?

ROSHI: Deine Buddha-Natur hat dich hierher nach Tassajara gebracht; das ist meine Antwort. Ich glaube nicht, dass es völlig deine eigene Entscheidung war. Vielleicht war es das zu zwanzig oder dreißig Prozent. Aber der Hauptgrund dafür, dass du hier bist, ist etwas, das größer ist als deine Entscheidung. Wir hören die Lehre Buddhas aufgrund vorheriger Beschäftigung mit ihr. Weisheit sucht Weisheit, und wir lauschen einer Lehre, der wir schon in vielen früheren Leben bei vielen früheren Lehrern gelauscht haben. Dogen sagt das. Obwohl du vielleicht das Gefühl hast, dein ganzer Körper würde sagen: »Ich fühle mich zu hundert Prozent so«, ist die Stimme, die jetzt dein ganzes Sein oder dein ganzes Wesen auszumachen scheint, tatsächlich nur ein winziger Teil von dir. Vielleicht sollte ich nicht so viel auf traditionelle Weise erklären.

SCHÜLER: Wenn ich Buddha werden würde, hätte ich dann Kontakt zu diesen Bereichen?

ROSHI: Zunächst einmal: Versuche, dich zu vergessen und dich auf deine wahre Stimme zu verlassen, auf deine stimmlose Stimme, die nonverbale Stimme. »Lausche der zungenlosen Unterweisung.« Hör nicht auf meine Worte. Denk einmal über diesen Punkt nach.

SCHÜLER: Wessen Stimme ist es, der wir zuhören?

ROSHI: Deiner Stimme und Buddhas Stimme. Darum geht es im *Sandokai*. Manchmal denkt ihr, es sei eure Stimme, doch es ist die Stimme des Buddha. Diese Art zu denken entspringt einem einseitigen Fühlen. Ihr glaubt, ihr wäret hier. Ihr glaubt, ihr wäret Joe und Mary. Doch dem ist nicht so, ganz und gar nicht. Ich glaube, ich sei Suzuki, doch wenn jemand mich Suzuki nennt, fühle ich mich sehr komisch. »Oh, ist das Suzuki?« Die erste Reaktion ist: »Nein, ich bin nicht Suzuki.«

SCHÜLER: Roshi, ich kann Gassho machen [verbeugt sich], und jemand, der mich anschaut, könnte denken: »Oh, das ist ein gutes Gassho.« Aber es könnte ein kaltes Herz dahinterstecken.

Roshi: Kaltes Herz oder warmes Herz, das spielt keine Rolle.

Schüler: Ist es trotzdem ein gutes Gassho?

Roshi: Perfekt!

Wir sind nur winzige Teilchen eines großen Seins*

Der Zweck des Studiums der buddhistischen Lehre ist es, ein vollkommenes Verständnis unserer selbst und dessen, was wir in unserem Alltagsleben tun, zu entwickeln. Außerdem müssen wir auch zu verstehen lernen, warum wir leiden und warum es in der Gesellschaft, in unseren Familien und in unserem Inneren so viele Konflikte gibt. Es geht also um ein Verständnis dessen, was in der Welt der äußeren Objekte und in unserer inneren, subjektiven Welt vor sich geht. Wenn wir die Dinge so sehen, wie sie sind, und wenn wir uns dessen bewusst sind und wirklich verstehen, was wir tun, wissen wir auch, wie wir uns verhalten sollten. Dieses Verständnis ergibt sich aus dem Studium des Buddhismus, das sowohl einen dualistischen als auch einen nichtdualistischen Aspekt umfasst. Dabei ist eine authentische Erfahrung des buddhistischen Weges unverzichtbar. Studium und Übung sind zwei unterschiedliche Aspekte, und ein gutes intellektuelles Verständnis der buddhistischen Lehren allein wird euch nicht helfen, sofern ihr euch nicht diesem Verständnis entsprechend verhaltet.

Wir studieren hier zurzeit das *Sandokai*, einen Text, der von einem großen chinesischen Zen-Meister geschrieben wurde. Ich habe bereits erklärt, was wir unter Dunkelheit und unter Helligkeit verstehen. Dunkelheit ist etwas, das wir nicht sehen

---

* Diesen Vortrag über den Geist des Sandokai hielt Suzuki Roshi vor einer Gruppe von Philosophie- und Zen-Studenten.

und worüber wir nicht nachdenken können, etwas, das sich unserem intellektuellen Verständnisvermögen entzieht. Wir wissen nicht, was in völliger Dunkelheit vor sich geht. Wenn ihr euch an einem dunklen Ort befindet, habt ihr vielleicht Angst. Dieser Raum ist jetzt zwar ziemlich dunkel, aber man kann immer noch ein paar Dinge darin erkennen. Wenn überhaupt kein Licht vorhanden wäre, könntet ihr nichts mehr erkennen. Doch das würde nicht bedeuten, dass nichts da ist. Es sind viele Dinge da, doch man kann sie nicht sehen. Völlige Dunkelheit beinhaltet also, dass sich etwas unseren Verständnismöglichkeiten entzieht. Helligkeit ist etwas, das wir im Sinne von Kategorien wie gut und böse, eckig oder rund, rot oder weiß verstehen können. Helligkeit beinhaltet also verschiedene Dinge; Dunkelheit bedeutet ein umfassendes Sein, innerhalb dessen viele Dinge existieren. Obwohl es viele Dinge gibt, darunter auch den Mond und die Sterne, ist alles ein großes Sein, und wir sind nur winzige Teilchen dieses großen Ganzen.

Dunkelheit ist etwas, das alles in sich einschließt. Es ist nicht möglich, ihr zu entkommen. Jeder Ort, an den ihr euch begeben könnt, ist Teil der Dunkelheit. Völlige Dunkelheit ist ein unermessliches Sein, innerhalb dessen alles seinen Raum hat, weil alles so unendlich klein ist. Doch bedeutet dies nicht, dass nichts da ist; innerhalb dieses einen großen Ganzen existieren die verschiedenen Dinge. Alle Studien, die wir betreiben können, finden im Bereich der Helligkeit statt. Dabei unterscheiden wir Dinge voneinander und sagen: »Dies ist gut, das ist schlecht; dies ist akzeptabel oder inakzeptabel, richtig oder falsch, groß oder klein, rund oder eckig.« Womit wir uns auch beschäftigen mögen, in jedem Fall ist es etwas, das in der Helligkeit, in der dualistischen Welt, in Erscheinung tritt. Doch ist es wichtig für uns, die völlige Dunkelheit zu kennen, in der nichts zu sehen ist und in der es nichts gibt, was man mit Hilfe des Denkens erfassen könnte.

Diese Dunkelheit können wir nur in der Zazen-Übung erfahren. Während wir denken oder Vorträge hören oder über die Lehren reden, können wir nicht erfahren, was die Dunkelheit tatsächlich ist. Ich kann nicht über Dunkelheit reden, aber ich kann über etwas sprechen, das wir verstehen können, das euch dazu anspornt, euch der Zazen-Übung zu widmen, und das euch zur Erfahrung der Dunkelheit führen wird.

Dunkelheit wird manchmal auch »Nichtheit« oder »Leerheit« genannt – wobei das Gegenteil »Etwasheit« wäre. Manchmal sprechen wir auch vom »Nicht-Geist«. Wir denken nicht, wenn wir uns in völliger Dunkelheit befinden.

Doch ich habe das Gefühl, dass ich mich zu weit vorgewagt habe. Deshalb muss ich zu etwas zurückgehen, zu einem hellen Raum. Es ist zu dunkel, als dass ich eure einzelnen Gesichter sehen oder gar erkennen könnte, was für Probleme ihr habt. Ich glaube, ich muss zu unseren Alltagsproblemen zurückkehren.

Ich habe kürzlich mit einem Schüler über meine Beziehung zu meiner Frau gesprochen. Ich habe zwar viele Probleme mit ihr, aber ich glaube nicht, dass ich ohne sie leben könnte. Das ist, um bei der Wahrheit zu bleiben, das Gefühl, das ich tatsächlich habe. In Tassajara habe ich einen sehr interessanten Ausdruck kennengelernt: »Pantoffelheld«. Er wagt es nicht aufzumucken, weil er ständig befürchtet, von seiner Frau zurückgepfiffen zu werden. Doch er braucht seine Frau. Er hat das Gefühl, nicht mit ihr zusammenleben zu können, und macht sich Gedanken darüber, ob er sich nicht besser von ihr scheiden lassen sollte. Manchmal jedoch denkt er: »Ich kann ohne sie nicht leben. Ich kann nicht mit ihr und nicht ohne sie leben. Was soll ich nur tun?« Das ist das Problem, mit dem wir es in der Welt der Helligkeit zu tun haben. Ist es hell, kann ich mich und meine Frau sehen. Ist hingegen kein Licht da, dann besteht das Problem nicht. Doch wir denken nicht über die völlig Dunkelheit nach. Wir leiden stets unter dem Leben, das wir mit unseren Augen sehen und mit unseren Ohren hören – unter dem, was wir erleben. In der Welt der Helligkeit ist es schwierig, ohne Dinge zu leben; und mit Dingen zu leben ist ebenfalls schwierig – das ist unser Problem. Was sollen wir tun? Wenn ihr auch nur das geringste Verständnis völliger Dunkelheit entwickelt habt, der anderen Seite der Helligkeit, werdet ihr lernen, in der Helligkeit der Welt zu leben.

In der Helligkeit werdet ihr etwas Gutes und etwas Schlechtes oder etwas Richtiges und etwas Falsches sehen. In dieser Welt der Unterschiedlichkeit, in der Welt von Mann und Frau, existieren Dinge in verschiedenen Formen und Farben, und gleichzeitig können wir auch die Gleichheit von allem darin erkennen. Doch wir können uns diese Gleichheit nur vergegenwärtigen, wenn wir uns der Welt von Form und Farbe bewusst sind und wenn wir sie als solche erkennen und respektieren. Nur wenn ihr euch als Mann oder Frau, als gebildeter oder unwissender Mensch respektiert, werdet ihr zu wahrer Gleichheit gelangen. Wir denken, Gleichheit bedeute, dass wir mit anderen gerecht teilen. Doch das ist nicht möglich. Dieses Ziel ist eine Art Traum. Wenn wir beispielsweise unser Essen gerecht miteinander teilen, kann es sein, dass der eine das Essen mag, der andere jedoch nicht. Es ist unmöglich, Dinge wirklich völlig gerecht mit anderen Menschen zu teilen. Es können unmöglich alle die gleichen Rechte, die gleiche Verantwortung, die gleichen Pflichten und das gleiche Maß an Engagement haben. Nur wenn jeder von uns sich seiner spezifischen Fähigkeiten, seiner spezifischen körperlichen Stärke, seiner Natur als Mann oder Frau bewusst wird, werden wir zu echter Gleichheit gelangen.

Diese Gleichheit unterscheidet sich ein wenig von unserem üblichen Verständnis von Gleichheit. Hier ist ein Becher, in dem sich etwas Wasser befindet. Wasser und Becher sind nicht gleich. Wasser ist Wasser, und Becher ist Becher. Das Wasser kann niemals ein Becher werden, und das Gleiche gilt umgekehrt auch für den Becher. Der Becher sollte ein Becher sein, und das Wasser sollte Wasser sein. Wenn das Wasser sich im Becher befindet, erfüllt es seinen Zweck, und auch der Becher erfüllt seinen Zweck. Ein Becher ohne Wasser oder Wasser ohne Becher haben für uns keine Bedeutung. Wenn Wasser Wasser und ein Becher ein Becher ist und wenn Becher und Wasser einen bestimmten Zweck erfüllen oder in einer bestimmten Beziehung zueinander stehen, sind sie miteinander verbunden, und dabei haben Wasser und Becher ihren jeweiligen spezifischen Wert. In diesem Fall sagen wir, dass Becher und Wasser gleich sind.

Wenn ihr glaubt, Freiheit bestehe einfach darin, dass ihr die Regeln missachtet und so handeln könntet, wie ihr wollt, so ist das eine Art Traum, eine Täuschung. Eine derartige Freiheit gibt es nicht, und wir sollten uns nicht vergeblich damit abmühen, eine Wolke einzufangen. Wir können diese Schwierigkeit nur überwinden, indem wir ein gutes Verständnis unserer selbst entwickeln. Wir müssen erkennen, was wir tun; wir müssen erkennen, was möglich ist und was nicht. Und wir sollten dabei sehr realistisch sein, denn andernfalls werden wir mit keiner unserer Aktivitäten Erfolg haben. Wenn euch eure Tagträume Spaß machen, ist das etwas anderes. Manchmal ist es gut, über etwas nachzudenken, das nicht möglich ist, von etwas Wundervollem zu träumen. Der Sinn und Zweck von Tagträumen ist, dass wir sie einfach genießen wie einen Film. Ihr könnt euch dann so fühlen, als wäret ihr Filmstars. Das ist in Ordnung, aber sicherlich nicht euer letztendliches Lebensziel. Wir sollten uns darüber im Klaren sein, was Täuschung und was Wirklichkeit ist. Wenn wir uns ernsthaft einer guten Übung widmen, sollten wir nicht von etwas Unmöglichem träumen. Vielmehr sollten wir an etwas arbeiten, das wir tatsächlich verwirklichen können.

Die andere Seite der Verschiedenheit ist Gleichheit. Weil Dinge unterschiedlich sind, gibt es Gleichheit. Wenn ihr die

Gleichheit von Mann und Frau wirklich versteht, habt ihr keine Probleme mehr. Wenn ihr Dinge sagt wie:»Ich kann ohne sie nicht leben« und euch dementsprechend fühlt, wisst ihr nicht, wer sie ist und wer ihr seid. Wenn euch klar ist, dass sie wichtig ist, weil sie die ist, die sie ist, weil sie sich um euch kümmert, auch wenn euch das manchmal zu viel werden mag, dann versteht ihr ihre Natur. Die Natur des Mannes ist anders. Gewöhnlich ist er idealistischer und denkt über Dinge nach, die fast unmöglich zu sein scheinen, die wenig realistisch sind, und er versucht, unablässig diesen Bestrebungen zu folgen, ohne darüber nachzudenken, was ihm dabei passieren könnte. Seine Frau sagt dann vielleicht:»Tu das nicht; es ist noch zu früh. Warte.« Doch wenn sie dies sagt, denkt er vielleicht:»Ich muss es jetzt sofort tun.« Und dann meint er:»Ich kann nicht mit ihr zusammenleben.« Doch ihr Verhalten und das, was sie sagt, entspricht ihrer Natur. Ein hastiger, sorgloser Mann braucht eine sorgsame, konservativer eingestellte Frau. Manchmal ist sie vielleicht sehr wütend auf ihren Mann, aber auch das entspricht ihrer Natur. Wenn er dann sagt:»Ich kann nicht mit ihr zusammenleben«, ist sein Verständnis der Situation unzureichend. Angemessen wäre, wenn er sagen würde:»Ich kann nicht ohne sie leben.«

Kürzlich habe ich erwähnt, dass das chinesische Schriftzeichen für »Mensch« aus zwei Linien besteht, die einander unterstützen. Liebende können sich so zueinander verhalten, und bei Lehrer und Schüler kann es ebenso sein. Wenn kein Lehrer da ist, ist auch kein Schüler da; wenn kein Schüler da ist, ist auch kein Lehrer da. Wenn Lehrer und Schüler da sind – so wie die beiden Linien dieses Schriftzeichens, die einander unterstützen –, dann ist ein Kloster entstanden. Alles existiert auf diese Weise. »Ich kann nicht ohne sie oder ohne ihn existieren«, ist richtig. Wenn ihr die Bedeutung der anderen Seite jedes Ereignisses oder Dings nicht wirklich versteht, können viele Schwierigkeiten entstehen. Die andere Seite von gut ist schlecht; die andere Seite von schlecht ist gut; das ist die Wirklichkeit.

Ebenso ist die andere Seite von Dunkelheit Helligkeit. Ihr könntet sagen, dass dieser Raum dunkel sei, doch ist er heller als der Keller, wo es kein Licht gibt. Und selbst der Keller ist noch heller als ein Leichenschauhaus. Ihr könnt also im Grunde nicht von hell oder dunkel sprechen. Hell und dunkel existieren nur in eurem Geist. In Wirklichkeit gibt es nicht hell und dunkel. Dennoch müssen wir uns manchmal an irgendeinem Standard orientieren, an bestimmten Kommunikationsgepflogenheiten oder Regeln. Deshalb sagen wir, dass etwas gut oder schlecht, akzeptabel oder inakzeptabel ist, aber das sind nur Worte. Wir sollten uns nicht durch Worte einfangen lassen. Wenn deine Freundin sagt: »Ich kann dich nicht ertragen!«, verstehst du diese Aussage vielleicht wörtlich; doch möglicherweise meint sie das Gegenteil. Weil sie dich so sehr mag, hat sie manchmal das Gefühl, sie hasst dich – obwohl das Gegenteil der Fall ist. Wenn ihr euch an Worten orientiert, ohne die Dinge von beiden Seiten zu betrachten, werdet ihr nicht herausfinden, was zu tun ist.

Wie ihr wisst, öffnen sich unsere Augen nur nach außen, und wir können nicht in uns selbst hineinschauen. Deshalb neigen wir dazu, über die Übung oder das Leben anderer zu grübeln und sie unablässig zu kritisieren. Selbst wenn wir darüber nachdenken, welcher Art von Übung wir uns widmen sollten, können wir unseren eigenen Weg nicht finden, weil unsere Augen und unser Denken nach außen orientiert sind. Wenn ihr sagt: »Welchen Weg sollte ich einschlagen?«, dann ist das »Ich« hier und der »Weg« dort drüben, und ihr wisst nicht, was dieses »Ich« ist. Ihr kennt es nicht und wisst auch nicht, in welche Richtung ihr gehen sollt. Ihr kennt euch ganz und gar nicht. Deshalb kritisiert ihr euch so, wie ihr andere kritisiert. Das ist schrecklich! Eure scharfe Kritik macht es euch unmöglich, in dieser Welt zu leben. Es ist sehr leicht, andere zu kritisieren. Euch selbst zu kritisieren fällt euch schwerer, weil ihr euch dabei nicht so gut fühlt; aber ihr tut es trotzdem, und ihr leidet darunter. Wir tun dies jeden Tag. Ihr leidet, weil es euch in eurem Verständnis dessen, was ihr tut, an etwas fehlt.

Buddhisten ist klar, dass Dinge, die außen zu existieren scheinen, sich tatsächlich in unserem Inneren befinden. Wenn ihr denkt: »Er ist nicht gut«, kritisiert ihr damit einen Teil von euch selbst. Was ihr außen seht, ist ein Bild von euch. Dies ist die Bedeutung des großen Geistes, der alles umfasst. Dinge geschehen nur in eurem Inneren; sie sind das Wirken eures Lebens in euch selbst, so wie der Magen Dinge verdaut. Dennoch mögt ihr denken: »Hier ist mein Herz, und dort ist mein Magen«, und diesem Verständnis entsprechend seid ihr euch nicht der Beziehung zwischen beiden bewusst. Ihr meint, bei einer Operation könnte euer Magen herausgeschnitten werden, ohne dass euer Herz dadurch in Mitleidenschaft gezogen würde. Doch das ist nicht der Fall. Euer Herz und euer Magen stehen in enger Beziehung zueinander, und wenn ihr euren Magen stärkt, wird auch euer Herz stark. Deshalb können Herzoperationen in manchen Fällen unterbleiben. Wenn euch klar ist, dass alle Dinge eng miteinander verbunden sind, besteht kein Grund mehr, vom Magen oder vom Herzen zu sprechen. Solange ihr bei guter Gesundheit seid, wisst ihr nicht unbedingt, was in eurem physischen Körper vor sich geht. Und solange in eurem Leben alles in Ordung ist, braucht ihr nicht über euren Partner oder eure Partnerin oder über euch selbst zu sprechen.

Zu einem solch harmonischen Leben gelangt ihr durch die Übung. Über Dinge zu sprechen ist wie das Arrangieren des Essens auf dem Teller. Jeden Morgen arrangieren meine Schüler die verschiedenen Speisen auf wundervolle Weise. Doch glücklicherweise – oder unglücklicherweise – wird in meinem Mund alles miteinander vermischt, wenn ich es kaue, und ich habe dann nur noch den Geschmack des Essens, jedoch keine Farbe, keine Schönheit, kein Sesamsalz und keinen braunen Reis mehr. Noch stärker vermischt ist alles, wenn es meinen Magen erreicht. Ich weiß dann nicht einmal mehr, was es ist. Wenn die Dinge sich in voller Aktivität befinden, existiert keine Vorstellung von gut oder schlecht, dies oder das mehr. Es ist gut, Speisen auf verschiedenen Tellern arrangiert zu sehen. Es ist gut, über Essen, über das Leben oder über die Natur von Mann und Frau nachzudenken. Doch das Nachdenken über diese Dinge bedeutet nicht viel, wenn ihr sie nicht tatsächlich in eurem Leben gekostet habt. Wenn ihr nicht alles durchkaut, miteinander vermischt und hinunterschluckt, hat euer Leben nicht viel Sinn.

Auf diese Weise studieren wir den Buddhismus – genauso wie wir Speisen auf verschiedenen Tellern arrangieren und ihre Farben und Formen genießen. Doch letztendlich müssen wir irgendwann essen, und dann existiert keine Lehre mehr. Wenn ihr die Dinge tatsächlich esst, existieren kein Lehrer und kein Schüler mehr und ebensowenig ein Buddha oder Christus.

Unsere Übung besteht darin, dass wir zu essen lernen. Und wir haben Glück, denn obwohl wir die Dinge durchkauen und miteinander vermischen, sind wir in der Lage, sie auf verschiedenartige Weisen zu analysieren, und wir wissen, was wir getan haben. Eure psychische Verfassung oder eure Übung zu analysieren ist wichtig, doch ist das nur der Schatten eurer Übung, nicht die Übung selbst.

Auf diese Weise üben wir unablässig weiter, arrangieren die Dinge sorgfältig und kauen und analysieren, um zu schauen, was vor sich geht – »Was tue ich?« Auf diese Weise, durch unablässiges Analysieren bei hellem Licht und Vermischen in einem dunklen Raum, geht unsere Übung endlos weiter. Am Ende des *Sandokai* sagt Sekito: »Wenn ihr auf diesem Weg Schritt für Schritt weitergeht, spielt es keine Rolle, ob ihr es mit einem Strom von tausend Meilen Länge oder mit einem Strom von einer Meile Länge zu tun habt.« Es gibt keine Erleuchtung und keine Unwissenheit, weil wir immer weiter gehen, und wir befinden uns stets auf dem Pfad des Buddha. Doch wenn wir zu arbeiten aufhören und uns auf die Vorstellung von gut oder schlecht fixieren, bekommen wir Schwierigkeiten, die jenen bei der Überquerung eines gro-ßen Flusses oder eines hohen Berges gleichen. Ihr kreiert den Fluss und den Berg selbst. Sie existieren nicht. Wenn ihr euch analysiert und kritisiert, habt ihr eine bestimmte Vorstellung von euch im Sinne von gut oder schlecht, und ihr glaubt dann, dies wäret ihr. Das stimmt zwar nicht, aber auf diese Weise kreiert ihr Schwierigkeiten für euch. So machen wir es ständig.

Fragen

SCHÜLER: Sie haben gesagt: »Zazen ist innerhalb der Dunkelheit, und den Vortrag hören ist innerhalb der Helligkeit.« Doch wenn jemand dem Vortrag mit gutem Verständnis zuhört, ist das doch wohl Zazen, oder nicht?

ROSHI: Denke daran, dass im *Sandokai* steht: »Auch wenn du die Wahrheit erkennst, ist das nicht die Erleuchtung.« Die Vorträge werden euch aber anspornen, so dass ihr wisst, warum ihr Zazen übt. Ihr arrangiert die Dinge meinem buddhistischen Rezept entsprechend, und ihr kocht sie hier in Tassajara. Die Speisen stehen vor euch; und ihr solltet essen, was ihr gekocht habt. Wie ihr esst, das ist die Zazen-Übung. Dieses Essen ist für Menschen zubereitet worden, die Zazen üben. Wenn ihr es esst, so wird dies eurer Übung zugute kommen.

SCHÜLER: Sie haben gesagt, Zazen sei Dunkelheit und der Vortrag sei Helligkeit, und Sie haben auch darüber gesprochen, dass *ri* dunkel und *ji* hell sei. Was ich nun wissen möchte, ist, ob Sie beides wirklich voneinander trennen können.

ROSHI: Das ist ein wichtiger Aspekt. Wir trennen etwas provisorisch, das man im Grunde nicht trennen kann. Es verhält sich damit wie mit den beiden Seiten einer Münze: Die eine Seite ist Helligkeit, die andere Dunkelheit. Ich spreche über diese helle Seite, und durch eure Übung werdet ihr die andere Seite kennenlernen. Dann seht ihr das ganze Bild des *Sandokai*; und das ist die Wirklichkeit. Meint ihr, ihr würdet durch die Übung etwas verstehen, das sich völlig von der hellen Seite unterscheidet, so ist das ein großer Fehler.

SCHÜLER: Ich habe mich gefragt, warum Sie jeweils nur über die eine oder über die andere Seite gesprochen haben. Ist es möglich, über beide Seiten zusammen zu sprechen?

ROSHI: Über beide Seiten zusammen zu sprechen ist nicht möglich, weil alles, worüber ihr sprechen könnt, die helle Seite ist. Es ist nicht möglich, über die andere Seite zu sprechen. Aber weil ich eine gewisse Erfahrung oder ein Verständnis von der anderen Seite entwickelt habe, kann ich über die helle Seite sprechen. Wenn ich keine Erfahrung von jener anderen Seite gemacht hätte, hätte das, worüber ich spreche, keinerlei Sinn. Ganz gleich, wie wundervoll ich die helle Seite dann beschreiben würde, sie wäre für euch Gift. Die helle Seite unterscheidet sich sehr stark von der anderen Seite. Es ist nicht möglich, sie miteinander zu vermischen oder sie zusammenzufügen. Etwas, das nicht mit der jeweils anderen Seite übereinstimmt, ist giftig. Eine Unterweisung mag sich wunderschön anhören, doch wenn sie nicht mit der anderen Seite in Einklang steht, wenn die andere Seite darin ignoriert wird, so ist diese Unterweisung wie Opium oder eine andere Droge.

SCHÜLER: Wir rezitieren vor dem Vortrag die Worte: »Ein unübertroffenes, alles durchdringendes und vollkommenes Dharma«, und ich frage mich, wie der Vortrag in die Dunkelheit eintritt. Wie lehrt der Vortrag uns? Wie kann er etwas anderes als Helligkeit sein? Wie ist der Vortrag Zazen?

ROSHI: Wie kann ich über Zazen sprechen?

SCHÜLER: Was ist *teisho*?

ROSHI: *Teisho* bedeutet ein Anspornen. Es ist kein bloßes Reden über etwas, sondern es soll die Zuhörer anspornen und ihnen zu einem guten Verständnis der Übung verhelfen.

Die Worte müssen aus der tatsächlichen Erfahrung der – ich zögere, es auszusprechen – tatsächlichen Erfahrung der Erleuchtung kommen. Dies sind große Worte. Die tatsächliche Erfahrung der Wirklichkeit ist *teisho.* Die Worte sollten dabei nicht tot sein, sie sollten nichts sein, was wir studieren oder in einem Buch lesen. Das ist der Unterschied zwischen *teisho* und einem normalen Vortrag. Genaugenommen vermitteln Vorträge Wissen über ein bestimmtes Thema, *teisho* hingegen kommt der tatsächlichen Übung und Erleuchtung der Übenden zugute. Menschen zur wahren Übung anzuspornen – das ist *teisho.* »Hier ist etwas, das du als Buddhist beherzigen musst. Schau!« Das ist *teisho.* Es muss also etwas wirklich Wichtiges sein, worüber wir sprechen. Wenn ihr mein Buch lest oder es sogar auswendig lernt, dann ist das kein *teisho. Teisho* ist etwas, das aus dem Inneren kommt, aus dem Grunde des Herzens. Weil ich Worte benutzen muss, muss ich den Gesetzen der Logik gehorchen und spezielle philosophische Begriffe und andere Fachbegriffe verwenden. Doch manchmal können wir diese Begriffe ignorieren und direkt über die Wirklichkeit sprechen. Manchmal geschieht dies ohne Worte. [Er pocht auf das Podium.] Das ist *teisho.* Über etwas zu reden, worüber man nicht reden kann, ist *teisho.* Entschuldigt, ich kann das nicht so gut erklären.

SCHÜLER: Sie haben gesagt, Ihre Unterweisungen über das *Sandokai* sollten uns ein Verständnis vermitteln. Doch andererseits haben Sie auch gesagt, dass wir die helle Seite erst verstehen könnten, wenn wir die dunkle Seite verstünden, wenn unsere Zazen-Übung gut entwickelt sei. Ist Ihr Vortrag nur ein hilfreiches Mittel?

ROSHI: Ihr habt die Tendenz, euch auf meine Worte zu fixieren. Deshalb nehme ich euch die Worte wieder weg, nachdem ich einen Vortrag gehalten habe. Ein Vortrag ist eine rein intellektuelle Angelegenheit. Ihr solltet das, was ich gesagt habe, wieder vergessen und stattdessen den wahren Sinn meiner Worte erspüren.

SCHÜLER: Sind die Worte zu den Schülern ein hilfreiches Mittel des Buddha?

ROSHI: Das sollte immer so sein, ob wir Buddhisten sind oder nicht. Doch Buddhisten wissen, dass wir zu Sklaven der Worte werden, wenn wir uns auf Worte fixieren, und dass wir dann nur einen kleinen Teil von dem verstehen, was gesagt wird. Wenn ihr an etwas interessiert seid, worauf ich mit diesem Finger gedeutet habe, sollte ich diesen Finger besser abschneiden, damit ihr euch nicht mehr auf ihn fixieren könnt. Wie man kocht, können wir mit Hilfe eines Buchs erlernen, doch was wir tatsächlich tun müssen, um zu kochen, ist Gemüse schneiden, salzen und kochen. Macht ihr euch ausschließlich davon abhängig, was im Kochbuch geschrieben steht, wird es wahrscheinlich ziemlich lange dauern, bis ihr kochen könnt. Wenn ihr alles, was ihr im Kochbuch gelesen habt, vergessen könnt, werdet ihr gute Köche. Eine bessere Methode, etwas zu studieren, ist, jemandem zuzuschauen, der das, was wir lernen wollen, tatsächlich tut. Das ist die beste Methode. Etwas direkt zu vermitteln ist *teisho*. Gewöhnlich kommt eure Haltung dem *teisho* gegenüber darin zum Ausdruck, dass ihr darüber nachdenkt, ob es gut oder schlecht ist, darin, dass ihr euch fragt: »Worüber spricht er eigentlich?«, und ob ihr das Gesagte akzeptabel findet. »Wenn es gut ist, akzeptiere ich es. Wenn es nicht gut ist, akzeptiere ich es nicht.« Doch das alles ist extra, ihr braucht gar nicht so vorsichtig zu sein. Ihr braucht nur einfach zuzuhören. Es ist nicht einmal nötig, dass ihr versucht, das Gehörte zu verstehen. Versteht ihr es nicht, so ist das in Ordnung. Versteht ihr es – umso besser – das ist alles. Ihr braucht euch beim Zuhören nicht um eine spezielle Art von Aufmerksamkeit zu bemühen. Einfach zuhören genügt – so solltet ihr *teisho* aufnehmen. Es verhält sich damit anders als mit einem normalen intellektuellen Studium. Da euer Geist aber den Gesetzen der Logik folgt, muss auch ich logisch sein. Wenn ihr euch nicht an der Logik orientiert, kann ich sagen, was immer mir gefällt. Ich könnte dann sogar einfach ein Lied singen.

Im Theseus Verlag ist von diesem Autor
auch erschienen:

Shunryu Suzuki
Zen-Geist Anfänger-Geist
Unterweisungen in Zen-Meditation
160 Seiten
ISBN 978-3-95883-148-3